投資型医療
医療費で国が潰れる前に

武内和久・山本雄士

はじめに　医療を変えるアクションを生むために

骨太の、本質の医療を語りたい、創りたい――。

本書を書いた動機はまぎれもなくこの思いだ。本文でも強調したように、今、医療がかかえている問題の本質と解決策とを、わかりやすく、できれば楽しんで読めるような形にして伝えることで、多くの人を巻き込んで、医療を変えていけるような本を書きたいと思った。

この時代の医療のあり方についてあれこれと考えていると、巷で聞かれる医療の議論の多くが、表層の問題を取り上げ、場当たり的な対応策を延々と話しているにすぎないように聞こえてくる。

正直、相当もどかしい。

せっかく真剣に医療について考え、知恵を絞って解決策を検討している人がたくさんいるのだ。問題点そのものをもっと深掘りしたうえで考えることができれば、きっとよりよいアイディアが出るはずだ。

それに、医療は現在進行形である。自身のかかえる病気に、今まさに途方にくれている人もたくさんいる。膨大な医療費の捻出に頭を悩ませる個人も法人も少なくない。研究開発の方向性に疑問を持ちつつも変えられない人もいるだろう。

いつまでも、議論ばかりで解決には結びつかない現状を、これ以上放っておくわけにはいかない。

一方で医療の議論は、陳情のような、我田引水なトーンに終始し、親方日の丸的な発想で既得権を守ることに拘泥するプレイヤーも、思考停止状態を甘受するプレイヤーも多い。これでは、いつまでも解決策も見つからなければ、医療で何がしたいのか――その目標さえも見つからない。

いきおい、改革議論は現状の延命策、部分最適の策にとどまり、その結果、今日の負担を強いられたプレイヤーは明日の巻き返しを狙い、明日の負担者は明後日の巻き返しを狙うという負の連鎖を続けている。

何か、おかしい。

問題の本質と目標とを見失った議論——「社会は医療に何を求めるか?」「なぜ医療が必要なのか?」というそもそも論が抜け落ちたままの医療論議は、もうやめよう。

時代は変化しているし、医療は進化している。

まずは医療の実情、彩るさまざまな技術、担う業界の構造、取り巻く環境の変化、求められる役割の変遷について、腰を据えて学ぶ姿勢を持つことが大事だ。

そして、そうして学んだ知見のうえに、医療をなんとかしたい、社会に貢献したいという情熱が加われば、私たちは医療の本質にぐっと近づけるし、現状と理想の差を理解し、現状から理想の医療へと至る道筋を見出すことができる。

そう信じて、この本を書いた。

本書では、できるだけ内容に具体性を持たせ、フェアかつ批判的に業界を描写しているつもりだ。それだけではなく、そうした描写から建設的な行動に、合理的かつ合目的的につながるような提言も書いてある。

書き進めるうちに、筆者らのほうが「医療改革、いけるんじゃないか、もっと多くの人を巻き込めるんじゃないか」と思い始めたくらいだ。

この本の構成を、ざっとご紹介しておこう。

序章では、保険料という身近な切り口から、今、そして、これから私たちが直面するであろう現実について簡単にご紹介する。

次に第1章では、現状の医療がしていることと医療が本来できることについて、ドラマ調に書いている。両者には大きな隔たりがあるが、そこには過剰な演出はない。残念なことだが、その意味で、ここに書かれたドラマは現実に即したドキュメンタリーだと言っていい。

第1章を通じて、何かがおかしいと気づいていただいたのち、第2章では、いかに私たち自身が医療の仕組みに組み込まれているかを保険制度の描写を通して学べるようにした。

そして、第3章では医療業界の基本構造とプレイヤーについて簡単に紹介しつつ、医療がしていることと医療が本来できることのギャップを生んでいるものの正体を暴く。

そのうえで、第4章では、今後医療を変えていくうえで押さえておくべき二つの基本である、医療の「宿命的難しさ」と、「投資型医療」の実現に向けて重要なキーワードとなる「マネジメント」の考え方を、できるだけ平易にまとめて記載した。

そして、第5章では、あるべき医療、つまりこの本でいう「投資型医療」とその根底に流れる思想を説明し、実現に向けた考え方を模索していく。

最後の第6章は、「投資型医療」を実現するために私たち自身が取り組むべき行動について、筆者らの考え方を提言としてまとめた。ここを読めば、あるべき医療の実現に向けた具体策がわかるだろう。


医療は病気があるから生まれたのではなく、健康を損なわないために生まれた。

医療が病気を治すためにあるのか、病気から守るためにあるのか——言葉のあやのようだが、この違いは大きい。

本書を読んでそうした違いを感じつつ、自らの役割を見出して、ぜひ筆者らとともに「投資型医療」への転換にチャレンジしてほしい。

それが必ず大きな力となって、やがて医療が変わり、社会を変えていくのだ。

山本雄士

＊本書は、２０１３年小社より刊行の『僕らが元気で長く生きるのに本当はそんなにお金はかからない』を改訂したものです。

投資型医療

目次

第3章　なぜ健康とお金をムダにしてしまっているのか？　111

第6章 「投資型医療」を実現するための七つの提言

序章
私たちはもう、沈み始めている

あなたの財布から、大事な原資が持ち出されている

２００８年８月までは、年間49万２０００円
２０１７年度は、59万４６００円
やがては、72万円――。

あなたは、これらが何の数字か、おわかりになるだろうか？

これは、あなたとあなたの会社が支払っている健康保険料の年額、つまりこの国の医療を支えるためにあなたが一年間に負担するお金の額だ。
もう少し正確に言うと、全国健康保険協会（通称　協会けんぽ）という都道府県別に中小企業が加入している健康保険の中で、東京都の保険料率を適用して算出した、年収６００万円の人の年間の健康保険料だ。

適用した保険料率は、２００８年で8・2%、２０１７年9・91%。法律上（２０１７年4月時点）の上限は13%だから、もしあなたの年収が1千万円なら、保険料はそれぞれ82万円、99・1万円、１３０万円、ということになる。

ほとんどの人は、給与から天引きされ、また、労使折半といって企業がほぼ半額を負担していることもあって、自分が支払っている保険料をあまり意識することはないかもしれないが、実は、**保険料は２００９年以降20%以上も値上げされているのだ**。

その推移をまとめたものが、23ページの**図1**だ。

値上げのすさまじさに驚かれた読者も少なくないだろう。

２００９年8月まで全国一律8・2%だった協会けんぽの保険料率は、２００９年9月以降都道府県別となり、２０１６年の健康保険法の改正で、その上限が10%から13%へと引き上げられた。

２０１７年度現在の保険料は、東京都では9・91%で、高いところでは佐賀県の10・47%、低いところで長野県の9・76%と7%もの違いがあるだけでなく、保険料率が決して高いほうではない東京都を例にとっても、わずか5年間で伸び率20%、金額にして、年収

600万円の人で10・2万円、1000万円の人なら17・1万円も値上げされている。

日本では、国民皆保険といって、すべての国民が健康保険に加入することになっている。つまり、ここで挙げた協会けんぽに限らず、皆さんは必ず何かしらの健康保険に加入し、その保険料を支払うことになっている。

だからある意味、健康保険料は税金のようなものなのだが、消費税を2%上げるためにあれだけの年月と論争を要するのに、健康保険料となると、大きなニュースになることもなく簡単に値上げされてしまうから不思議だ。

上限の13%にしても、今の財政状況を考えれば、健康保険法が再び改正され、引き上げられていくのは目に見えている。

こうした保険料の値上げを行っているのは協会けんぽだけではない。保険の仕組みを含めた医療の成り立ちそのものについては第2章で詳述するが、自治体の国民健康保険や大企業の健康保険組合などにおいても、程度の差こそあれ、保険料は確実に値上げされている。

図1　東京都における年収600万円の人の年間保険料の推移

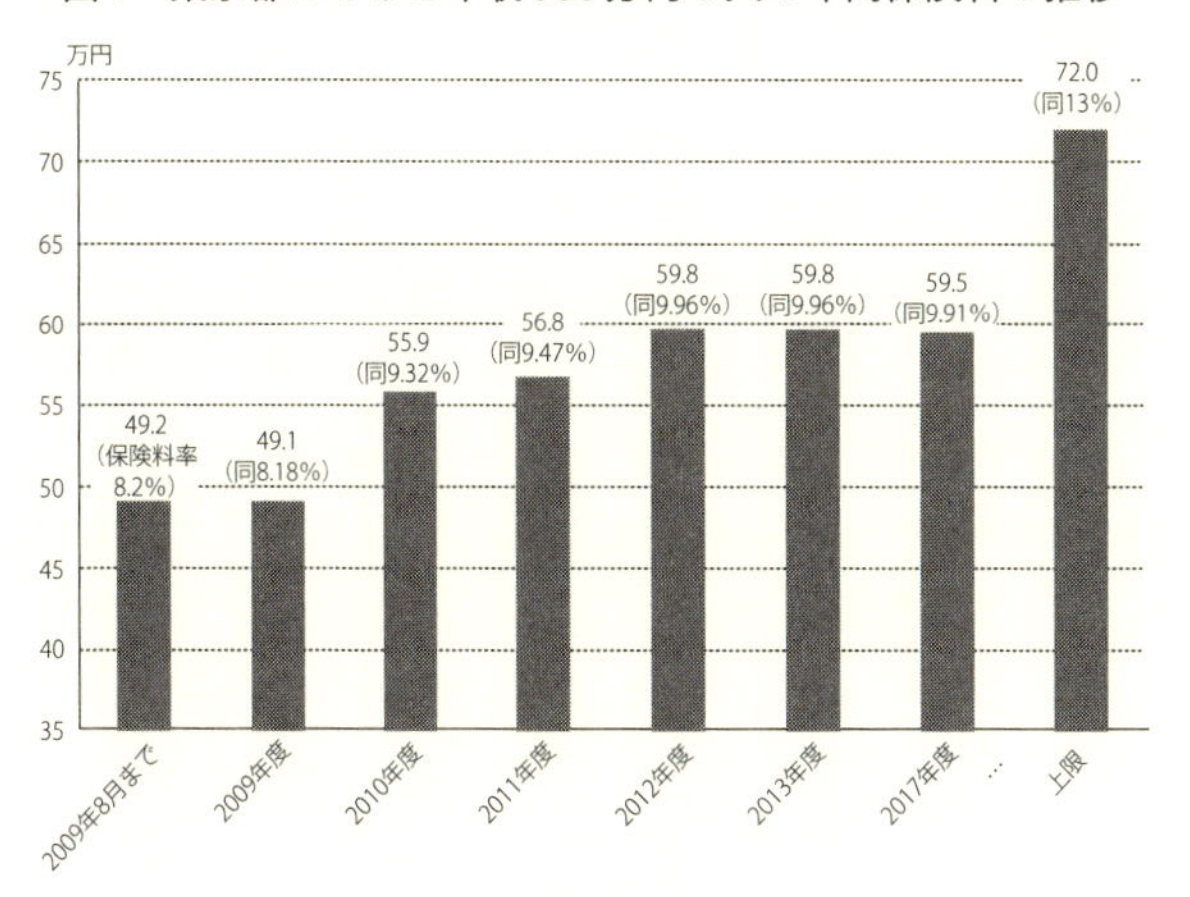

(協会けんぽの保険料率により算出)

出典：全国保険協会「都道府県毎の保険料率」より筆者作成

医療をはじめとする社会保障が、社会の「保障」としてではなく、国の財政を逼迫する大きな「負担」として語られるようになって久しいが、これらの国の負担は、当然ながら「国」という第三者が支払っているわけではない。**他の誰かが背負ってくれているわけでもない。私たち国民自身が背負い、支払っている**のだ。

そして、実際に、あなたやあなたの企業が日々負担している保険料の金額は値上げされ、一方で（仮に給料が上がらなければ）、あなたの手取りはますます少なくなっていく。

自分も家族も健康そのもので、ふだん家族の誰ひとりとして医療のお世話になることはほとんどない、という人もいるだろうが、そうした人たちにとっても、医療の「これから」は他人事ではない。皆保険という制度のもとでは、医療を使う、使わないに関係なく、健康保険に加入し、保険料を支払わなくてはならない。つまり社会全体の負担はあなたの肩に——いや、財布に——重くのしかかっているのだ。

保険料を上げるだけでは、増大する医療費をまかなうことはできない

波風立たない程度にコツコツと保険料を値上げして、がんばって消費税も増税して、なるほど政府は、急増する医療費をなんとかまかなおうとしているんだな、と納得してはいけない。保険料のこの程度の値上げや消費税率のこの程度のアップでは、今後確実に増えていく医療費をまかなうことは到底できないからだ。

2015年度の日本の国民医療費（推計）は42・3兆円。

これは、日本の国家予算の44％に相当する額だ。

すでにこれだけの規模に及んでいる医療費が、今後どのように変化していくのかというと、「社会保障に係る費用の将来推計の改定」（厚生労働省 2012）によれば、2015年度は39・5兆円、2020年度は46・9兆円、2025年度は54・0兆円に上ることが見込まれている。わずか10年で30％もの増加だ。

もっとも、2015年度の国民医療費がすでに見込みを大きく上回っているところを見

ると、これらはかなり控えめな数字だったと言えるだろう（２０３０年には78・２兆円になるという推計結果もある）[※1]。いずれにせよ、既定路線を続けている限りにおいては、医療費は確実に、かつ急激に伸びていくと見て間違いない。

私たちは、激増していくこの「負担」をどう分かち合えばよいのだろうか。

もしかしたら、読者の皆さんの中には、なんとか回っていくとお考えの方もいるかもしれない。

だが、そう考えるのは早計だ。

なぜなら、現役世代の人口が、確実かつ急激に減少していくからだ。

激動の人口構造反転時代をどう生き抜くか

27・29ページの図2・3・4は、皆保険が導入される前年の１９６０年と２０１０年、そして、２０５０年の日本における人口構造を示している。

１９６０年と２０５０年を比較すると、まるでグラフを反転したかのような変わりようだ。

図2　日本在住者の年齢（1960年）

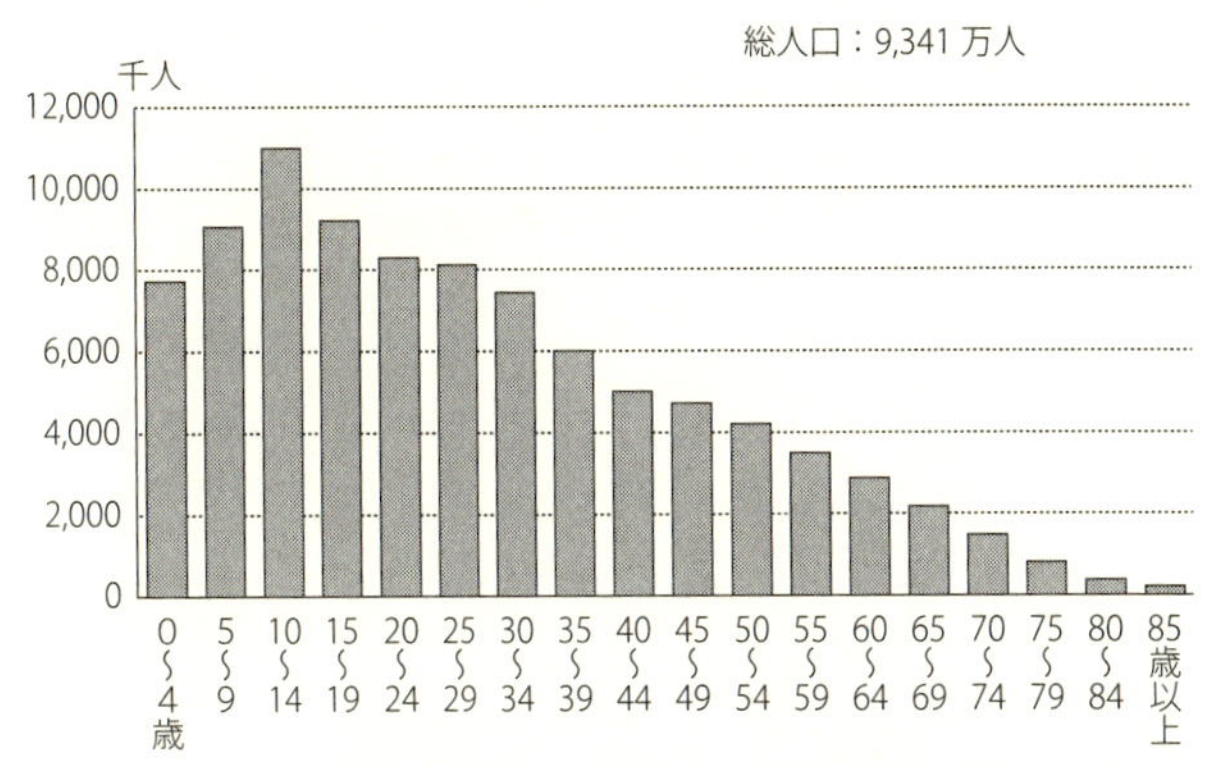

出典：総務省「国勢調査」より筆者作成

図3　年齢5歳階級別人口、年齢構造（2015年）

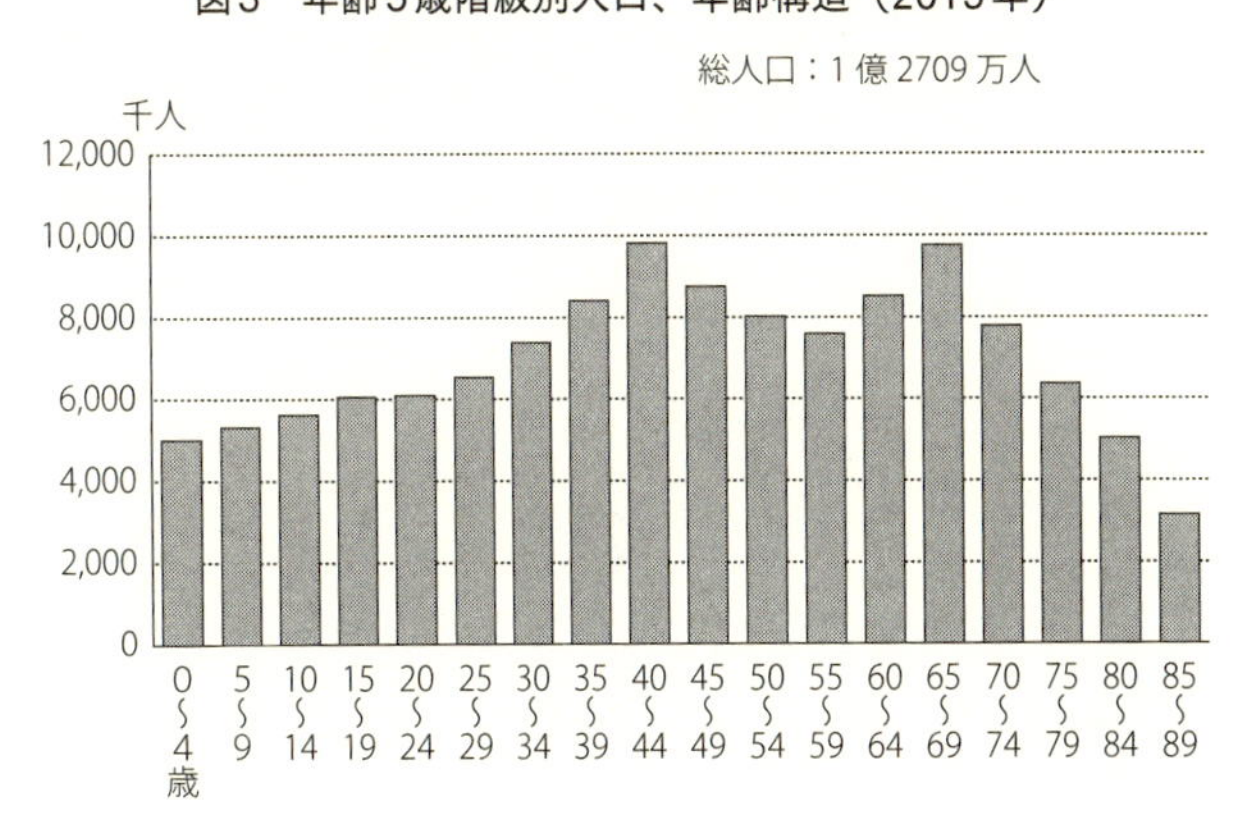

出典：総務省統計局「平成27年国勢調査　人口等基本集計」より筆者作成

この90年間で、日本の社会はこのような劇的な人口構造の変化を経験する。そして、筆者らを含め、本書を手にとってくださった皆さんは、例外なくこの激動の過渡期を生き抜くことを強いられているのだ。

さて、人口動態について今後予想される具体的な数値をいくつか拾ってみよう。

2017年に発表された報告では、2015年の総人口は1億2・7千万人。うち65歳以上の高齢者は3387万人で、現役世代2・3人で高齢者1人を支える構造だった。

2040年には、総人口は1億1千万人に減じる一方で、高齢者は3921万人に増加し、高齢者1人を現役世代1・5人で支える人口構造になる。

そして、団塊ジュニア世代が80代を迎える2050年には、総人口が約1億人になるのに対し、高齢者数は3840万人に増加、国民の2・7人に1人が65歳以上、現役世代1・37人に対して高齢者1人。現在すでに超高齢化社会をむかえている日本は、世界に先がけ未だかつて経験したことのない超「超高齢化社会」となるのかもしれないのだ。

ここで負担に目を戻して見ると、2010年には現役世代2・6人に対し高齢者1人という人口構成だったので、単純に考えると、現役世代1人あたりの負担はさらに2倍程度

図4　年齢5歳階級別人口、年齢構造（2050年）

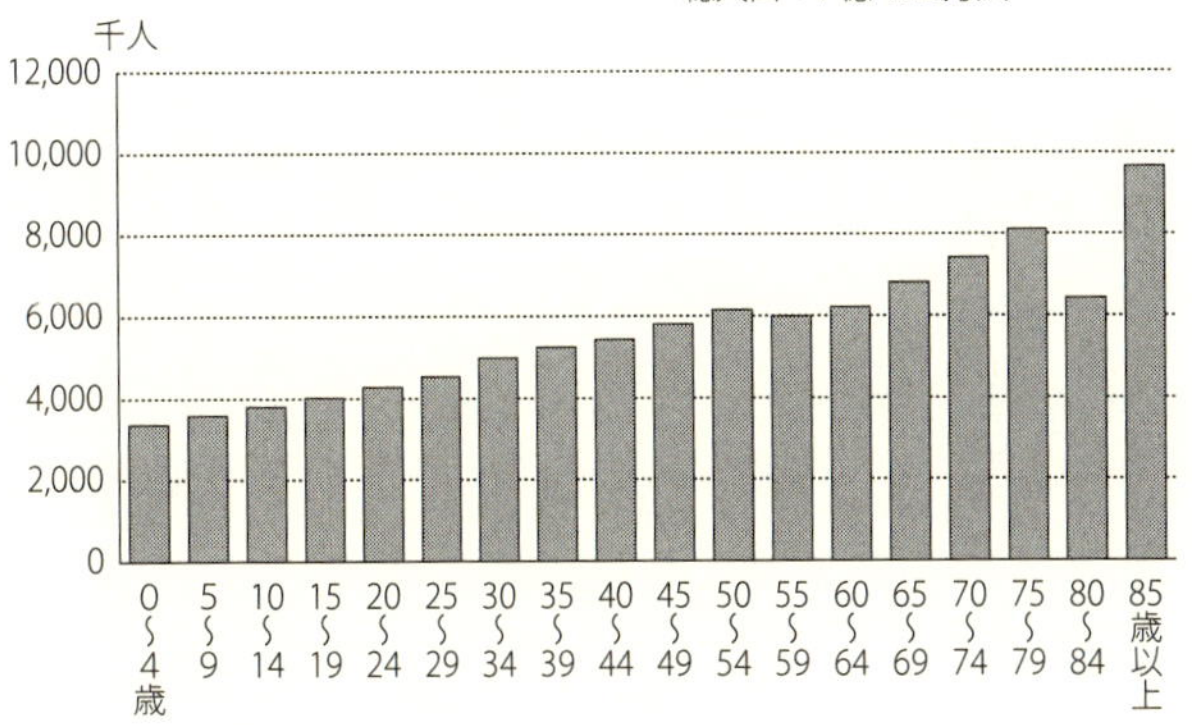

出典：国立社会保障・人口問題研究所「日本の将来推計人口　中位推計」より筆者作成

に膨らむことになる。

若干乱暴な試算だが、この数値を先ほど同様単純に保険料率に置き換えてみると、医療費増分の30％で1・3倍、さらに現役世代の負担増分で2倍。つまり、保険料率は約26％。**年収が600万円のあなたなら、年間156万円、1千万円のあなたなら260万円の保険料を毎年納めることになる、**というわけだ。

未来へのツケに沈む国

2050年には健康保険料も26％になるとして、そのうえ、年金、介護保険料、所得税、住民税――律儀にすべて支払っていたら、給料がすっからかんになってしまいそうだ。

でも、ちょっと待った！

2050年と言えば、筆者らも読者の多くも立派に高齢者になっているはずだ。

自分自身が負担に耐えきれるかはわからないが、ともあれ、自分が高齢者になったら誰かに負担に耐えてもらわなければ困る。そして、これまでどおり国が借金してくれれば、つまり、国債を発行してくれればよいではないか！

実は、そうなることはすでに予想されている。

２０１６年度の日本の国債発行額は１７０兆円、公債の残高は約８３０兆円に上っている。そして２０１７年に発表された政府の試算（「経済財政の中長期試算　成長戦略シナリオ」）でも、２０１８年度の公債残高は１０６７兆円、２０２５年度は１２１２兆円に上ると算出され、国の借金は今後も急激に増加していく見込みだ。

これらの借金は、当然ながら若年世代、将来世代に重くのしかかる。いわゆる「次世代へのツケ」が、果てしなく生み出され続ける構図に陥りつつあるのだ。

33ページの**図5**は、世代会計という手法により、医療のみならず、年金を含めた社会保障や税負担の世代間格差を推計したものだ。

これによると、**２００５年時点における60歳以上と将来世代との生涯純受益の世代間格差は、なんと、１億２千万円**にも達していることがわかる。

この深刻な世代間格差は、「財政的幼児虐待」と呼ぶ専門家もいるほどだが[※2]、こうした現状は、とくに社会保障の面で深刻であることが指摘されている。

私たちは、将来世代が生まれた瞬間に、有無を言わさず、1人あたり8300万円にも上る負債を押しつけながら、物質的にはこの上なく豊かなこの社会を朗々と営んでいるわけだ。

そして、今後も同様のやり方を続けていけば、これから生まれてくる世代には、生まれた瞬間に今以上の負債を背負わせることになる。

考え方によっては、「将来世代に、そのまた将来世代にツケを先送りしてもらってはどうだろう」という意見もあるだろう。もちろんそれもありなのかもしれない。

しかし、経済情勢や人口構成を考えれば、経済状況の劇的な改善や労働人口の急速な増加がない限りは間違いなく、いずれ日本は国家として財政破綻を余儀なくされてしまうだろう。

私たちが未来にツケを残せば残すほど、船はさらに沈んでいき、何かのきっかけで一瞬にして、日々の穏やかな暮らしが奪いさられる危険性が高まっていく。

図5　世代ごとの生涯を通じた受益と負担

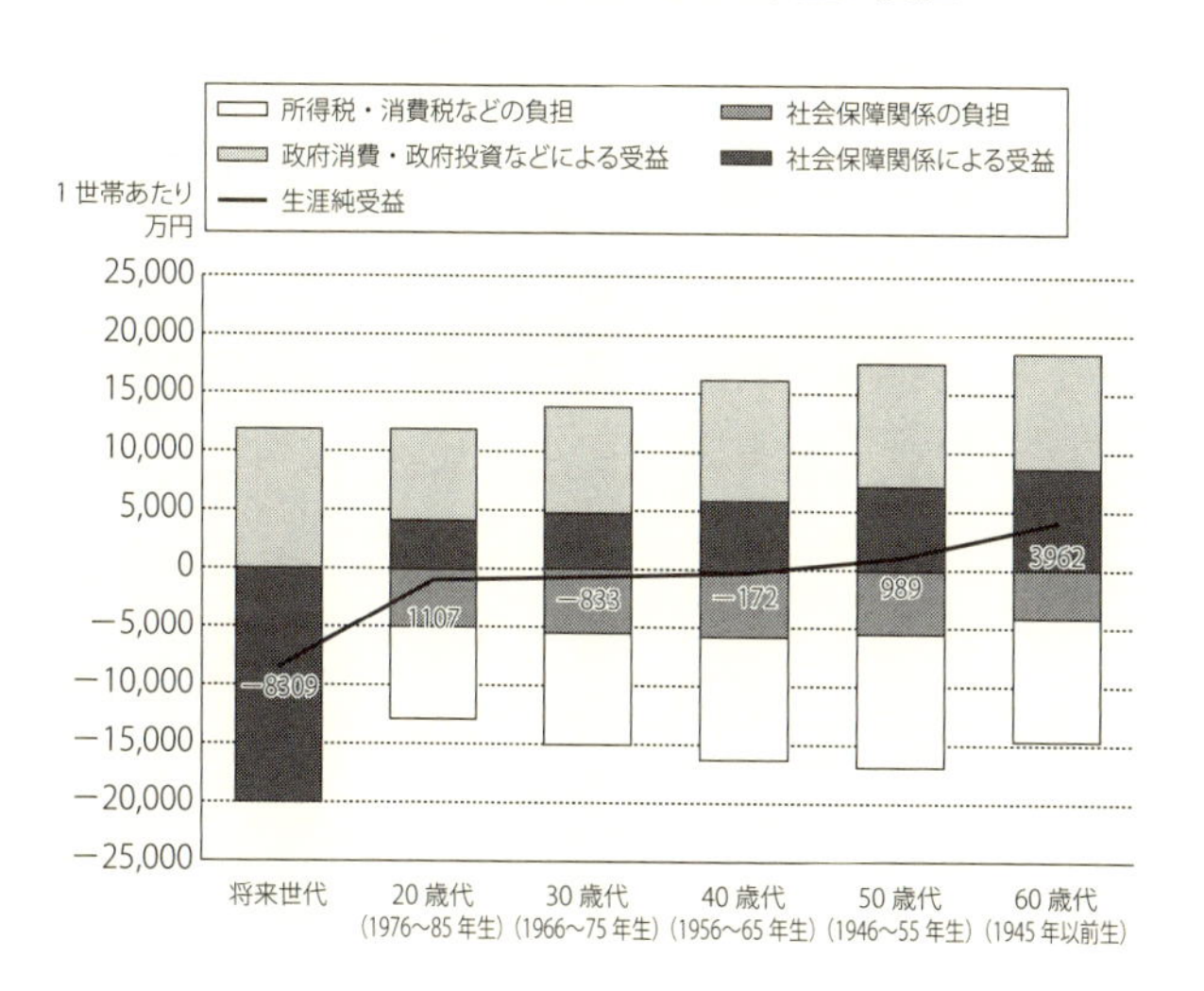

出典：小黒一正・小林慶一郎『日本破綻を防ぐ２つのプラン』より

たとえダンスホールに軽快なメロディーが流れ、私たちを踊りの輪に入るよう誘っていたとしても、今は惰性に任せて踊るときではない。

沈んだ船は、二度と浮かび上がることはない。

社会全体が沈んでしまってからでは、もう取り返しはつかないのだ。

失われた20年のグッドニュース

しかし、時代の変化が私たちにもたらしたものは、バッドニュースばかりではない。

これからの医療、そして日本の社会にとってのグッドニュースもある。

その筆頭は、医療技術の進歩だ。

たとえば、１９８０年代には不治の病と恐れられていたＨＩＶも、１９９０年代後半には発症を抑えられるまでになった。内視鏡やカテーテル治療など侵襲性の低い治療法が確立し、また、遺伝子の解析が進み、ガン治療などさまざまな領域で個人の遺伝情報に基づいた副作用の少ない個別化医療が普及しつつある。

進化したのは治療法だけではない。ＰＥＴや腫瘍マーカー検査など、検査技術の進化にも目を見張るものがあるし、ワクチンの発達によって、未然に防げる疾患も増えた。慢性疾患の管理や予防のためのエビデンスも明らかになり、優れた治療薬も開発されている。

もちろん、今も医療は万能ではない。だが、技術は格段に進歩し、新たな技術が、医療にできることを拡張してきた。

だから、**進化した医療を上手に活用すれば、私たちは今よりはるかに効果的に（つまりずっと安く、簡単に）病気を治すことも、また病気を防ぐこともできるようになる。**

医療がその価値を飛躍的に拡げている時代に、私たちは生きているのだ。

複数の病をかかえて生きる時代の賢い医療の使い方

医療技術の進化と表裏一体なのだが、近年の変化として同様に見過ごせないものに、疾病構造の変化が挙げられる。

たとえば死因をとりあげると、戦前には感染症等の急性疾患が多くを占めていたが、近年では、悪性新生物（ガン）が30％、心疾患が15％、脳血管障害が9％と、生活習慣病に起因するケースが半数以上を占めるようになった（91ページの図9参照）。

もちろん、死因だけではない。費用の面でも、糖尿病、高血圧、ガンなどの生活習慣病に医療費の約3割もが投じられているし、複数の病を同時に持つ例も増加している。いくつかの病をかかえながら、病とつき合いながら生きる時代がやってきたのだ。

こうした時代に、私たちは医療に何を求めるべきなのだろうか？

医療の潜在的な実力が飛躍的に向上する今、その実力をいかに引き出し、社会全体でその恩恵をいかに享受するか。私たちはもっともっと知恵を絞り、努力を重ねて、今の時代に合った賢い医療の活用法を知り、身につけていく必要がある。次章以降じっくりと見ていくが、私たちは**今、医療の実力をほんのわずかしか活用できていない**のだ。

この好機をつかまなければ、せっかく明日の社会を変えられるほどの力を持つグッドニュースも、ただのニュースで終わってしまう。

しかし、もし医療の実力をしっかりと引き出し、活用することができれば、保険料を上げたり、消費税を上げたりすることでは決してかなえられることのない、持続可能で自律的な社会を、医療の力で築くことさえできる。

医療技術は進化した。次に進化すべきは、ほかでもない、私たちなのだ。

※1 島崎謙治『日本の医療　制度と政策』東京大学出版会、2011年

※2 小黒一正・小林慶一郎『日本破綻を防ぐ2つのプラン』日経プレミアシリーズ、2011年

第1章
「医療がしていること」と「医療ができること」の大きなギャップ

これからの医療を語る前に、この章では、今の医療でどのようなことが起きているのかについてお話ししたい。

とくに、幸いにもこれまで大きな病気をしたことがない方には、医療で日常起きていることがいったいどういうことなのか、想像もつかないのではないだろうか。

ここでは、一般的によく知られていて患者数も多い「糖尿病」と「骨粗鬆症」という二つの病気を例に、それぞれ「実際によくあるケース」と「医療の実力をもってすればここまでできるケース」の二つを、患者目線から具体的に描き、対比していく。

まず簡単に、これら二つの病気について解説しておこう。

糖尿病は、その予備群も含めると人口の2〜3割に及ぶと推定される、血液中の糖分（血糖値）が通常より高くなる病気だ。この病気にかかると、風邪のような一時的な変化ではなく、体質が変わったかのように高い血糖値が生涯続いてしまう。しかも、やっかいなことに血糖値が高くても深刻な自覚症状はない。

だが、その間に体中の血管は確実にダメージを受けて硬くなっていき（動脈硬化）、ひそかに、心臓や腎臓、その他の重要な臓器に悪影響（合併症）が及んでいく。糖尿病が「サイレントキラー」(静かなる殺し屋)と呼ばれるゆえんである。

だから、糖尿病と診断された場合には、血糖値を低く保つために生活習慣を変えたり薬を飲み続けたりする必要がある。こうした管理方法はすでに確立しており、適切なケアが行われれば血糖値は十分コントロールできる。万が一糖尿病になってしまったとしても、放置しなければ、重症化したり、合併症が起きたりする危険は相当程度抑えることができるのだ。

もう一つの例に挙げる骨粗鬆症は、人口の1割程度が疾患を持っていると推定される。からだの骨がもろくなる病気だが、糖尿病と同じく、一時的な変化により発症するわけではなく、加齢などによって徐々に進行していく。ふだんは自覚症状がないところも糖尿病と同じだ。

骨がもろくなってしまうと、転んだりした場合に骨折しやすくなり、とくに高齢者の場合、寝たきりになる原因の一つとして問題になっている。

しかし、今日では骨粗鬆症に対する有効な治療法も確立していて、治療の難易度は決して高くはない。治療薬も、近年の開発でその効果が高まっただけでなく、毎日飲まなければいけない時代から、週1回、そして今では、月1回のものも登場し、格段に服用しやすくなっている。

さて、二つの病気の概要をご理解いただいたところで、それらにかかった患者がどうなるのか？　それぞれ対照的な二つの運命をご紹介したい。

あなたの二つの運命――糖尿病の場合

あなたが38歳の男性であるとしよう。

地方都市在住の既婚、大企業の営業職で働き盛り。毎日何かしら飲み会があり、大の甘党で夜中のアイスは至福のひととき。身長１７６センチ、ウエストは90センチと、典型的なメタボ体型だ。周囲からは健康のためにも少し痩せろと言われるが、年齢のせいか食べる量を少し減らしたくらいでは簡単には痩せられない。からだを動かそうと重い腰を上げ走ってはみるものの、それも3日と続かない。

そんな折、あなたは会社の健康診断の結果を受け取った。

糖尿病の疑いあり――病院での再検査を勧める通知だ。

運命① 現状の医療でありがちなケース

まず、現状の医療環境でよく見られる典型的なパターンから考えられるあなたの未来を見てみよう。もしかすると、あなたにも同じ経験があるかもしれない。

まず、健診の結果が届いても数値の示す意味合いがよくわからず、気軽に尋ねられる場所も相手もいないあなたは、ことの重大性に気づくことなく、ついつい精密検査を先送りにする。会社の健康保険組合から検査を促す手紙はくるが、自覚症状がなく、放置しても何のチェックもペナルティもないから、あえて検査を受けようとは思わない。

周囲にも似たような仲間がいて、ちょっとした罪悪感を共有しつつも、特定保健用食品（トクホ）のお茶を飲んでは顔を見合わせ苦笑いを交わし、妙な安心感を得る。そんなふうにして、病院に受診に行くことも、食事の改善や運動を行うこともせず、着実にメタボ体型に拍車をかける生活を送り続ける。

そして、5年後、あなたの業績は認められ、会社での地位も上がった。が、並行して血糖値も上がっていた。

妻にしつこく促され大病院で検査を受けたが、えらく待たされた挙げ句、医師は検査結果とあなたの体型を一瞥し、「飲み過ぎ食べ過ぎに気をつけて、まずは体重を減らしましょう。1日に30分は軽くからだを動かしてください」とさらりと言い、合併症の検査と糖尿病薬の服用を強く勧めたが、あなたは、薬を始めたら終わりという同僚の言葉を思い出し、「まずは生活を見直します」と言って逃げ帰ってきた。

以来、食事は現状維持、運動は月に一度程度のゴルフのみで十数年が過ぎ、いつしか五十の声を聞く頃となった。

体重増加に加齢も重なり、近頃はからだが重く、ちょっとした坂道でも息が切れる。さすがにそろそろ病院で診てもらわねばと思いながらも先送りにしていた矢先のことだ。

突然、胸が重いような、焼けるような感覚を自覚した。あっという間に息苦しさが重なり、視界が歪み出す。あなたはその場に倒れ込み、意識は途絶えて――。

ベッドに横たわるあなたに、医師はあなたが心筋梗塞を起こして会社で倒れたこと、運よく一命を取りとめたが、落ち着いたら手術を受ける必要があること、リハビリに相当な時間を要すること、それでも元通りにはならないこと、退院後も飲酒をはじめ心臓に負担のかかる生活は望めないこと、腎機能障害も併発しており、今後数年以内に人工透析が必要となるリスクが高いこと、そして、それらの原因は、長年放置された糖尿病であることを告げた。

どうやらあなたは、長年夢見てきた、そして、現実のものとなりかけているかに見えた役員への昇進をあきらめざるを得ない状況にあるようだ。それどころか、会社への復帰の目処も立たない。

会社から手当は出るものの、今後必要になる治療費用に加えて、私立大学に通う娘の養育にもまだまだお金がかかる。昇進や定年退職時の退職金をあてにして組んでいたローンの返済もどうなるかわからない。

何より、自由がきかないこのからだをどうすればよいか見当がつかない。悪化した病状を一度に回復させる魔法のような力が医療にあるわけではない。

かくして、53歳のあなたは、これからの長い闘病生活と収入減との切実な闘いを強いられることになるのである。

運命②　医療の実力を存分に活用できたケース

一方、医療の実力を十分に活用できたなら、あなたの未来はたとえばこうなる。

忙しくてなかなか病院に行けないあなたに、会社の健康管理部門は、糖尿病専門病院での精密検査の予約を入れた。詳細を知らない上司も、部下の健康管理を業務の一つとしているため、あなたに受診を指示してくる。

検査の結果、あなたは「糖尿病予備群」であることがわかった。

専門病院では、「糖尿病予備群」のためのサポートチームが用意されていた。チームには、複数の医師、看護師のみならず、管理栄養士やカウンセラー、スポーツ・トレーナーがいた。

チームからは、糖尿病とその予防・管理プログラムについての説明と、将来起こりうる合併症やそうした合併症を患った際どのような生活や治療を強いられるかの説明がなされる。

そして、事前アンケートの結果をもとに、あなたの生活習慣に合った低カロリーメニューやエクササイズが紹介され、それらをいかに生活に取り入れやすくするかをチームメンバーや家族とともに相談し、あなた独自のプログラムが組まれた。

それから半年間、あなたは外食の回数は減らさずに食べる物の種類や食べ方を変え、量を加減し、夜中のアイスを週に1度で我慢した。また、エレベーターをやめて階段を使う、万歩計で1日の歩数を測って記録するなど、生活の中に運動を取り入れた。

こんな我慢や努力ができるのも、サポートチームのおかげだ。専属のヘルスコーチが定期的に生活内容を確認し、必要に応じてプログラムの内容を変更したり、生活習慣改善のアドバイスをくれたりする。さらには、やる気を奮い起こす愉快なメッセージまで送ってくれるのだ。

それだけではない。このプログラムへの参加状況は、会社の健康管理部門からもチェックが入る。加えて、あなたが熱心に参加すればするほど、あなたの保険料が割安になる。逆に血糖値が高いままになっているのが発覚した場合には、保険料のペナルティが科せられるわけだが。

だから家族もあなたを真剣に応援してくれる。お気に入りのSNS（ソーシャル・ネットワーキング・サービス）では、同じ境遇の仲間が集い、お互いの我慢多き生活について、ときに誇らしげに、ときにため息交じりに共有し合っている。職場や家庭では言えないこともこうしたネットの同志には言えてしまうということは、あなたにとってちょっとした発見であり、気持ちを保つ清涼剤でもある。

半年後の検査で、あなたの血糖値は正常値に戻っていた。今後もサポートチームからの指導はあるが、うまい具合に管理できていれば、その間隔は徐々に長くなっていき、最後には卒業だ。それまでは血糖や糖化ヘモグロビンの値をモニタリングしながら、その時々に応じて必要な食事、運動、薬物のプログラムを家族も交えて議論しながら組んでいく。

年齢とともに糖尿病の発症が避けられなくなっても、このチームといっしょなら管理していく自信と安心を得て、あなたは公私ともに充実した日々を送っていった――。


もしかしたら、あなたはこの二つのケースを読んで、「さすがにここまでヒドイ話はないだろう」とか、「でき過ぎた話だ」と思われるかもしれない。

特に運命①では、こんなに極端に運の悪い人を取り上げて脅かすなよ、と顔をしかめるかもしれない。しかし、**医療の日常とは、これを読んでいるほとんどの人の非日常である**ということは覚えていてもらいたい。決してうれしくない「非日常」、極論だとすら思われる「非日常」が日常的に起きる、それが医療だ。

糖尿病やそのリスクを放置できてしまう今の状況が続く限り、運命①は珍しいことではない。運命①のあなたは、とりたてて運が悪いわけではないのだ。

一方で、私たちと医療がしっかりタッグを組んで、医療の実力が十分に発揮される環境をつくることができれば、運命②はまったく夢物語ではないのである。

ある初老の女性の二つの運命――骨粗鬆症の場合

70歳になる女性がいる。春子、とでもしておこう。春子はあなたの母親か、あるいは、あなたの義理の母親かもしれない。

とある地方都市に住む春子は、夫と二人暮らし。年金暮らしでそう贅沢はできないが、趣味や近所づき合い、たまにやってくる孫たちのお相手に精を出す日々だ。

現役時代はほとんど家を顧みなかった夫も、現役を退いてからは日がな一日、本を読んだり庭仕事をしたりして、夫なりに生活を楽しんでいるようだ。三食きちんと用意しないとすぐに機嫌が悪くなるのが玉にキズだが、細かいことさえ気にしなければ、二人きりの毎日をまずまず機嫌よく過ごすことができる。

お互い大病を患ったこともなく、夫は運動もしないのに、コレステロール値が高いくらいで健康そのもの。一方、春子の唯一の持病は高血圧で、もう10年ほどになるだろうか、月に1回、地元の診療所に通院している。

そんな平和な毎日がしばらく続くと疑いもしなかったある日、春子は小さなアクシデントに見舞われた。買い物を終え店を出ようとしたその瞬間、小さな段差につまずいて転倒したのだ。

運命① 現状の医療でありがちなケース

転倒した春子は、腰の痛みで立ち上がることができない。救急車で運ばれた病院で告げられた診断は、大腿骨近位部骨折。太腿の付け根部分の骨が折れてしまったのだ。

春子は医師に、骨折の治療に手術と1ヵ月以上の安静が必要であること、骨折が治ったらリハビリに励む必要があることを告げられる。

「元通りに歩けるようになるんでしょうか……」

不安そうに尋ねる春子に医師は、「骨折をきっかけに寝たきりになる方も多いですし、現時点ではなんとも申し上げられませんが、リハビリをがんばれば、きっと大丈夫ですよ」と微笑んだ。

寝たきり――。

そのひとことに、春子の目の前が真っ暗になる。

いずれ自分が夫を介護して、やがて看取るものだとばかり思っていた。何もないところであんなふうに転んで骨折して、そして寝たきりだなんて。

春子には、今の自分が到底受け入れられない。

夫も、突然の独りの家が淋しいのだろう。毎日のように車を走らせ見舞いにやってくる。夫は落ち込む春子を心配してか、時折ぼそぼそと声をかけてくれるのだが、何を言ってもため息まじりの春子に、かえって不機嫌になるばかり。春子は春子で、コンビニ弁当を食べる夫のぶすっとした顔を見ていると、1日3回、きちんと食事を出しさえすればご機嫌だった頃の夫の笑顔が思い出されて、目に涙がにじむ。

一刻も早くけがを治して元通りの暮らしがしたいが、骨折は若い頃のように簡単には治らない。リハビリも同じだ。入院生活で思いのほかからだが弱ること、そうしたからだにとってリハビリがとても過酷であることを、春子は身をもって思い知らされる。

そして、1ヵ月後、春子は傷口の痛みが癒えないうちに、車イスでの退院となった。

夫に車イスを押してもらい、春子は久々に病院の外に出た。夫に介護をしてもらう立場になるなんて……。受け入れがたいが、今の春子は一人で用を足すこともできないのだ。

車イスでも不自由なく暮らせる家にするため早急にリフォームしたいところだが、いかんせん元手がない。なんとか一階のリビングに介護用のベッドを入れ、段差という段差にスロープをつけ、無理をしない範囲で動いてできるだけのことをする。

来る日も来る日も、夫の世話になる毎日が続く。

友人が見舞いに来てくれても、自分では満足にお茶を出すこともできない。自力でできるだけのことはしたい。だが、弱った足腰でもう一度立ち上がったら、また転倒し、骨折して今度こそほんとうに寝たきりになってしまうかもしれない。たった一度転んだだけで、穏やかだった人生が、こうも変わってしまうなんて……。

春子が自力での入浴を試みた際に転倒、ほんとうに寝たきりの生活を強いられることになったのは、その年の暮れのことだった。もはや、あの日々は戻ってこないのだ——。

運命②　医療の実力を存分に活用できたケース

一方、医療の実力が活用できたなら、転倒した春子の身に起こることは驚くほどあっけない。

店先の段差につまずいた春子は、かばおうとしてとっさについた手首を捻挫して、全治3週間。しばらくは、痛くて包丁を持つこともままならない有様だった。

夫も心配してくれるのだが、まともな食事が出ないとどうにも不機嫌になる。最初こそ、春子は自分の不注意でけがをして、夫に不便をかけてしまって申し訳ないという気持ちでいっぱいだったが、妻がけがをしているにもかかわらず料理が出てきて当然という顔をする夫に、次第に腹が立ってきた。

「お父さん、私が先に倒れたらどうするの！」

春子は、嫌がる夫を台所に立たせ、忍耐強くおだてながら基本的な料理を仕込むことにした。夫は、「なんで俺がこんなことまで」などとブツブツ言いながらも、妻の横に立つのもまんざらでもない様子だ。

そんな夫を見ながら、春子は夫婦のどちらがいつどうなるかなどわからないことを改めて自覚する。自分が生きていることと同じくらい当たり前に、自分の病も死も、夫の病も死も、すぐそこにあるのだ。

不器用な夫の包丁さばきを褒めてやりながら、改めて健康であることの幸せを感じ、けがが治っても、ときどきこうして夫といっしょに台所に立ってやらねばと、春子は思うのだった。

この話のどこが医療と関係があるのかと、あなたは思われたかもしれない。しかしこれが、大ありなのだ。話は、春子の転倒事故の3年前に遡る。春子が67歳のときだ。高血圧の治療のために通院していたかかりつけのクリニックで、医師から「そろそろ骨粗鬆症の検査でも受けましょうか」と勧められたのだ。

春子の住む自治体では、骨粗鬆症検診のための無料クーポンを対象年齢の住民に定期的に配布していた。前回の検診では骨粗鬆症の診断基準にはかろうじて達しておらず、ほっと胸をなでおろしたものだ。あれから、検診時に受けたアドバイスに従い、自分なりに食事にも気を配り、ウォーキングにも励んでいる。骨折すると簡単には回復しない年齢だと教わっている分、危機感もある。

「2年前は骨粗鬆症の診断基準には達していませんが、骨折してからでは遅いですからね。受けておいて損はありませんよ」

医師の笑顔に、思わず「はい」と頷いた春子は、超音波法という測定法でかかとの骨密度を測り、併せて尿検査をした。

結果は、骨粗鬆症の疑いあり。紹介状を持参して受けた精密検査で骨粗鬆症と診断され、春子は薬を処方された。これを月に1度飲めばよいらしい。

自分が寝たきりになって、夫や子どもたちの世話になることだけは避けたい。とはいえ何の自覚症状もないので、ときどき薬を飲むこと自体を忘れたり、おっくうで1日延ばしにしてしまったりと、それなりの葛藤はあったが、かかりつけ医の励ましもあり、春子は薬を飲み続けている。食事や運動にもいっそう気を配るようになった。それから約3年、今の春子の骨強度は、65歳の検診時より高くなっている。

つまり、春子は医療が持つ実力を活用し、自らも健やかさを保つ努力をしてきたからこそ、今回のちょっとしたつまずきを、「捻挫程度のけが」ですませることができた、というわけだ。

もしかしたら、あなたはこの二つのケースを読んで、先の糖尿病の二つのケースと同じく「さすがにここまでヒドイ話はないだろう」とか、「そんなでき過ぎた話」と思われたかもしれない。

しかし、骨粗鬆症という、知っている者にとっては「明らかなリスク」を放置した場合、あるいは、放置はせずとも、対策をとらないことを容認してしまいがちな環境にある場合、運命①は珍しい話でもなければ、極端なケースでもない。

一方で、運命②のようなケースは、糖尿病の例と同様に、今の医療技術で十分に実現できるはずなのだ。

今の医療は、「健康」をムダにしてしまっている

ここまで、糖尿病と骨粗鬆症という病気を例にとって、そこから想定される患者の運命を二つのケースに分けて紹介した。

その二つはいわば、「医療がしていること」と「医療ができること」の一例であり、別の言い方をすれば、悪い方のケースでは事前にわかるリスクを放置していたために起きた運命、そして、よい方のケースではそうしたリスクに対応策を講じた場合に起きた運命ということだ。

ここからは、患者個人の視点から離れ、もう少し大きな視野で、今の医療で起きていることと医療の実力で可能なことのギャップについて、二つの側面にフォーカスをあてて話を進めていく。一つめは「健康」、そして、二つめは「お金」だ。

これらについて焦点をあてていくことで、健康に関わるリスクを放置したり、管理不良を見逃したりする今の医療が、社会に対して、ひいては私たち一人ひとりに対して、いかに大きな負のインパクトをもたらしているかを感じていただけるだろう。

さあ、さっそく一つめの側面である「健康」について、じっくりと掘り下げていこう。

糖尿病を治療できているのは患者5人のうち1人

61ページの表1は、厚生労働省が発表した特定健康診査（特定健診）の結果の一部だ。

一見すると、それぞれの年齢でどのくらいの人が糖尿病である可能性が高いかがわかりそうだが、ことはそれほど単純ではない。というのも、この健診結果はある時点での血糖値を示しているにすぎず、糖尿病の治療や管理の状況はわからないからだ。

この数値が低い場合、もともと低い場合もあれば、糖尿病の管理がうまくいっている場合もある。数値が高い場合は、糖尿病を放置している場合もあれば、治療を受けているにもかかわらず血糖値が高いままの人もいる。これらの情報からは、その時々の血糖値の分布はわかっても、これらの分布と実際の糖尿病との関係は見えてこないのだ。

一方、それを「見える化」したのが図6だ。これは、ある企業の健診データや医療費データを使って、学会が定めた重症基準以上の個人の血糖値と糖尿病の医療費を示している。

表1　全国の特定健康診査・特定保健指導結果に見られる糖尿病管理状況（HbA1c値※JDS値）（2010年）

		40〜44歳	45〜49歳	50〜54歳	55〜59歳	60〜64歳	65〜69歳	70〜74歳
男	8.0以上	17,375	22,127	24,430	28,972	24,935	15,239	12,420
	6.1以上8.0未満	37,384	60,292	85,486	126,178	138,208	115,338	116,508
	5.6以上6.1未満	79,557	107,696	135,167	179,008	191,623	163,788	164,073
	5.2以上5.6未満	408,158	426,635	422,178	456,680	424,430	337,839	323,340
	5.2未満	1,014,426	834,513	660,323	581,274	480,404	370,957	350,902
	有効回答数	1,556,912	1,451,275	1,327,589	1,372,123	1,259,606	1,003,165	967,244
女	8.0以上	3,097	4,041	5,761	8,525	10,677	9,384	8,633
	6.1以上8.0未満	7,645	12,268	22,306	41,186	74,142	88,044	93,536
	5.6以上6.1未満	34,012	51,557	86,720	134,666	201,838	213,087	207,913
	5.2以上5.6未満	247,670	277,325	341,933	421,212	546,056	520,730	480,538
	5.2未満	762,472	630,907	490,287	434,941	513,509	463,830	425,592
	有効回答数	1,054,917	976,118	947,034	1,040,547	1,346,240	1,295,080	1,216,216

出典：厚生労働省「特定健康診査・特定保健指導の実施結果に関するデータ」

●で示されるのは、血糖値が非常に高いにもかかわらず、一度も外来を受診していない、つまり治療や管理を開始していない人たち。

一方、◎で示される人たちは、治療を行っているにもかかわらず血糖値のコントロールがうまくいかず、重症の域にある人たちだ。

言い換えれば、●は会社の健康診断で医療機関への受診を勧められているのに先送りしている人たち。

そして◎は、医療機関で糖尿病の治療を行ってはいるものの、医療機関の力不足か、はたまた本人の改善の努力が奏功していないのか、あるいはその両方のために、今のところ血糖値をコントロールできずにいる人たちだ。

つまり、●で示されるのは、あなたの運命①を地でいく可能性が高い人たち、というわけだ。

運命①で、あなたは数年間受診を先送りにした末に、心筋梗塞で倒れているが、あなた同様の運命をたどることになりかねない人たちが、あなたの後ろにこれだけ控えていると

図6 重症糖尿病患者（HbA1c8.0%以上※JDS値）の医療機関受診状況

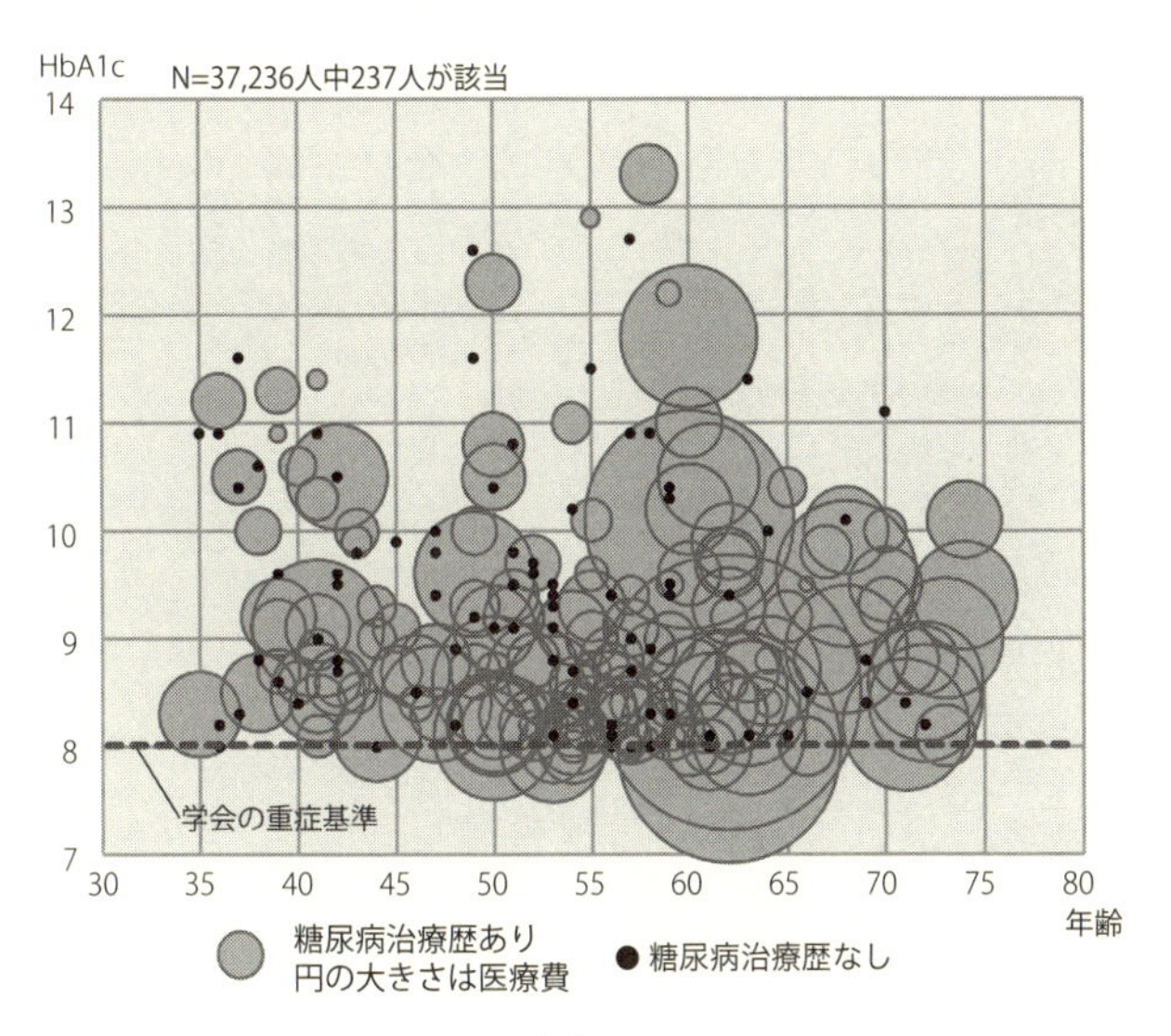

出典：（株）ミナケア

いうことなのである。

だが、糖尿病の放置や血糖の管理不良や管理不在は、なにも重症度が高い人たちに限らない。ある調査※1によると、健康診断で「要治療」の通知を受けたにもかかわらず放置している人は全体の4割にのぼっている。

先に述べたとおり、糖尿病それ自体は深刻な初期症状に乏しい病気だから、健診で「糖尿病の疑いあり」と言われただけでは、残念ながら受診のきっかけにならないことが多い。運命①のあなたがそうしたように、これら4割の人たちも、同僚たちとメタボや血糖値のことを冗談交じりに話しながら、なんとなく気にはなりながらも、受診を先送りしているのが実情かもしれない。

そしてもちろん、重症ではない人のなかにも、図6と同様、治療を行ってはいるものの残念ながら十分な成果が上がっていない人たちも大勢いる。

厚生労働省の推計によると、2012年の時点で糖尿病が強く疑われる人は約950万人、糖尿病の可能性が否定できない人は約1100万人で、糖尿病もしくは糖尿病の予備群は、合計約２０５０万人に上ると見られている。※2 では実際に医療機関に通院し治療を行っている患者の数はというと、別の調査で３１７万人※3とされている。

　２０５０万人のうち実際にどれだけの人がいわゆる糖尿病患者なのかを知るにはデータが不足しているが、健康診断で「要治療」の通知を受けたにもかかわらず放置している人が約４割という先ほどの調査結果を参考に、控えめに試算してみると、糖尿病患者は４５０万人程度、そのうち治療しているのは７割の３１７万人程度、と推定される。

　一方で、治療を行っている糖尿病患者のうち血糖がきちんとコントロールできているのは患者のおよそ３分の１と言われているから、血糖をコントロールできているのは、３１７万人の３分の１、およそ１１０万人ということになる。


　まとめると、糖尿病もしくは予備群約２０５０万人のうち、実際の糖尿病患者はざっと見積もって４５０万人程度、そのうち治療を行っているのは３１７万人。４５０万人いる糖尿病患者全体のうち、血糖をコントロールできているのは、その４分の１の１１０万人にすぎず、４割以上は医療費を投じて治療はしているものの血糖がコントロールされず、残りの１３０万人は受診すらしていない。糖尿病患者の周辺には約１６００万人の糖尿病予備群が待機している、ということだ。

骨粗鬆症患者1千万人が放置されている

一方、春子が患った骨粗鬆症はどうだろう。

推計によると、現在、日本における骨粗鬆症患者数は、およそ1300万人[※4]。骨粗鬆症には女性ホルモンが関係するために、とくに閉経後の女性に多く、年齢とともにその有病率が急激にたかまるという特徴がある（図7）。

しかし、今の医療の実力から考えて骨粗鬆症をケアすることは決して難しいことではない。骨粗鬆症の患者さんを見つけ、週に1度、あるいは月に1度のペースでたった1錠の薬を飲んでもらうことさえできれば、年齢にかかわらず、患者さんの骨強度は改善し、骨折のリスクを確実に下げることができる。

ところが、骨粗鬆症患者のうち実際に治療を受けているのは1～2割程度と言われているから、放置されている骨粗鬆症患者は1千万人以上という計算になる。

つまり、「医療がしていること」は、1300万人の骨粗鬆症患者のうち、多く見積も

図7 骨粗鬆症の年代別有病率

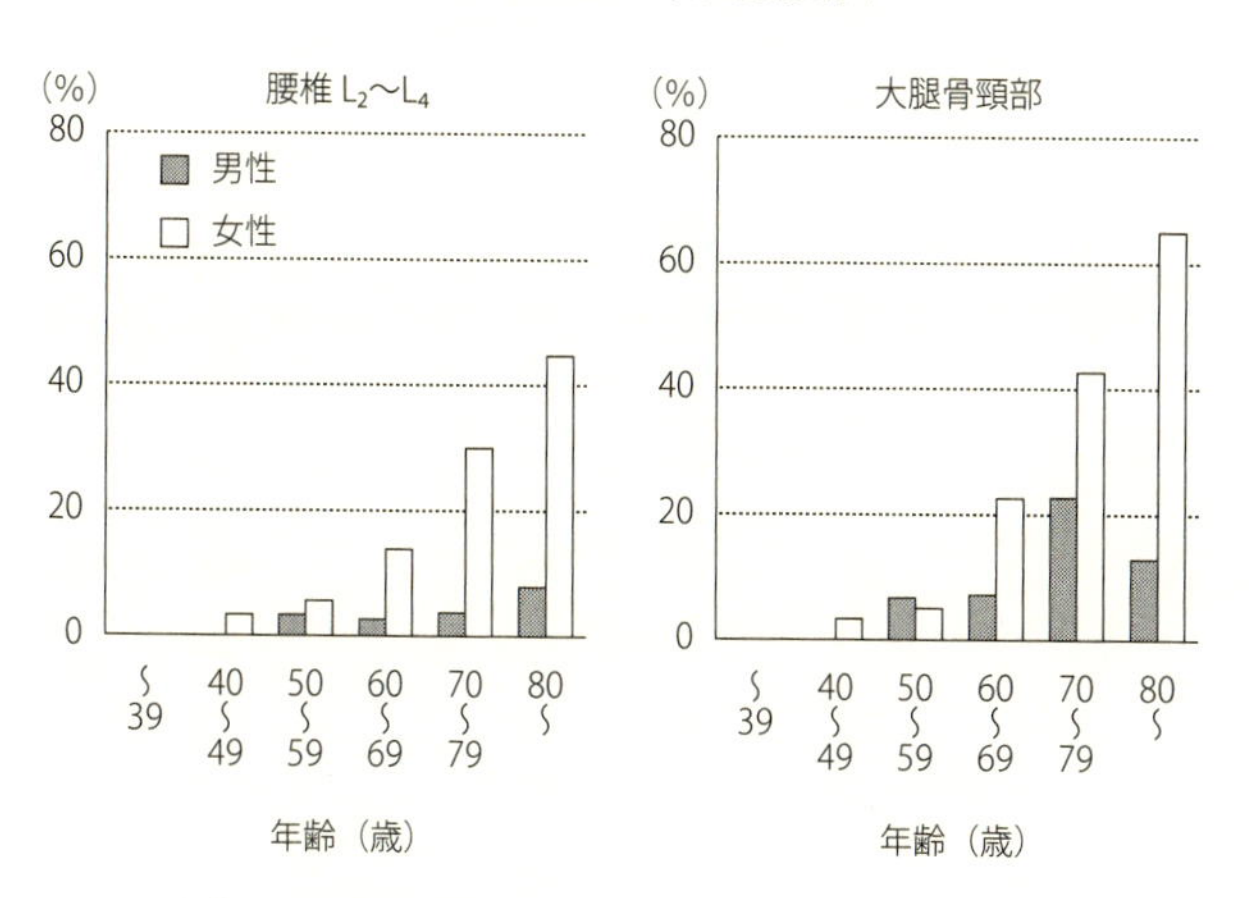

出典：骨粗鬆症の予防と治療のガイドライン作成委員会
『骨粗鬆症の予防と治療ガイドライン2011年度版』

ってもおよそ260万人に対する治療にすぎないというわけだ。
そして、治療の手の届かない1千万人は、運命①の春子のように、ほんの些細なきっかけで、ちょっとした対策で避けられるはずの悲劇を負ってしまうという、たいへんなリスクと隣り合わせの毎日を送っているのだ。

糖尿病や骨粗鬆症に限らず、たとえば高血圧でも、「**半分の半分の半分の法則**[※5]」と言われる法則がある。これは、高血圧の治療を受けているのが全高血圧患者の半分、そのうち外来での血圧が良好な患者が半分、つまり全体の4分の1、そして家庭でも外来でも血圧が良好なのは、そのまた半分の8分の1にすぎない、というものだ。

高血圧も、糖尿病や骨粗鬆症と同様、治療法が確立した病気だ。今入手可能な薬を適切に組み合わせ、適切に治療すれば、ほとんどの場合、血圧を適正にコントロールすることができる。

にもかかわらず、血圧が良好にコントロールされているのは、患者の8分の1しかいない。高血圧の放置や管理不良は、糖尿病と同じく動脈硬化を起こし、心筋梗塞や脳卒中といった恐ろしい合併症を起こす原因の最たるものとなっているにもかかわらず、である。

「治療できる病気」を「治療できている人」は意外ととても少ない

　これらの例から言えることは、今の医療においては、治療できるはずの病気が治療できている人は、控えめに言っても「意外なほどにとても少ない」、ということだ。

　実は、こうした「医療のしていること」と「医療にできること」のギャップの例は枚挙にいとまがない。

　先に挙げた糖尿病、骨粗鬆症、高血圧以外にも、心不全、ぜんそく、周産期異常、脂質異常症、腎臓病、一部の感染症等、管理することでさまざまなリスクを軽減できる余地が大きい病気は数多く存在している。だが、これらの病気においても、先に示した糖尿病や骨粗鬆症、高血圧のように、まったく受診がないか、治療の成果が十分に上がっていない患者が驚くほど多い。

　糖尿病患者450万人、骨粗鬆症患者1300万人、高血圧患者900万人[※6]、ぜんそく患者100万人[※7]——こうした病気を患っている人たちの多くに、本来できるはずの医療が届いていない。言い換えれば、それだけしか医療の実力が活用できていないことが、21世紀の日本の医療の現実なのだ。

一つの病気は、一つきりでは終わらない

悲劇はこれだけでは終わらない。

医療の実力を活用できない私たちを待ち構えているもの、それは合併症だ。

糖尿病についてもう少し詳しく見てみよう。

先にも書いたように、糖尿病では高すぎる血糖が血管に直接にダメージを与えて動脈硬化を引き起こす。こうして硬くなった血管を元に戻すのは、現状の医療技術ではほぼ不可能だ。

血管は体中に酸素や栄養を送り届けるための重要な器官だから、動脈硬化が進んで血液の流れが悪くなると、脳や心臓、腎臓、眼、神経、足などからだの重要なパーツにダイレクトに悪影響が及ぶ。その結果、糖尿病の三大合併症と言われる神経症、網膜症（眼）、腎症などの合併症に加え、運命①であなたが患った心筋梗塞や脳卒中、感染症、壊疽など、

広範囲かつ多岐にわたる合併症が糖尿病患者を襲う。
最近では、糖尿病やその予備群では、アルツハイマー病のリスクは4・6倍、がんによる死亡リスクは3・1倍、心筋梗塞のリスクは2・1倍、脳梗塞のリスクは1・9倍に高まることが報告されている。※8
つまり、糖尿病になったということは、一つの病気にかかったというだけではなく、さまざまな病気を呼び込むリスクを負う状況になったということなのである。

さらに、数多い糖尿病の合併症のなかで、あなたが運命①で医師に告げられた人工透析について見てみよう。人工透析とは、腎臓の機能が破たんしてしまった人が使う、人工的な腎臓のことだ。ひとたび人工透析が必要な状態になると、腎臓移植などによって新たな腎臓を入手できない限り、人工透析器がまさにあなたの命綱となる。あなたは週3回、1回2～4時間の治療を、一生受け続けることになるのだ。
こうして人工透析によって、多くの時間と体力が奪われ、長期休暇にも遠出は容易ではなくなり、これまでどおりに仕事や趣味を続けることが難しくなって、結果的に生活の質（QOL＝Quality Of Life）が大きく損なわれてしまう。

日本では人工透析を必要とする患者数は増え続けており、現在約30万人（図8）に達するが、人工透析に至る原因として最も多いのが糖尿病による腎症であり、今や年間1万人いる新規透析導入患者の半数を占める勢いだ。

このことは、糖尿病患者が増えていることだけではなく、確立しているはずの治療や血糖管理が行きわたっていないことも原因の一つだろう。

同様のことが、骨粗鬆症にも言える。

骨粗鬆症の最大の合併症は、先の例でも示したとおり骨折だ。ある調査[※9]によると、骨粗鬆症で大腿骨頸部内側骨折（先ほどのケースと同じだ）をした患者の実に半数が、歩行能力を一段階以上低下させ（30分以上の戸外歩行が可能だった患者は30分未満の歩行能力となり、30分未満の戸外歩行が可能だった患者は室内歩行以下になる）、骨折前に室内歩行以上が可能だった患者の5人に1人が治療後に寝たきりとなることが明らかになっている。

骨粗鬆症の治療がうまく行きわたらないということは、骨折のリスクを放置することであり、骨折のリスクを放置するということは、そのまま、寝たきり要介護になるリスクを放置することにつながる。

図8 慢性透析患者数の推移

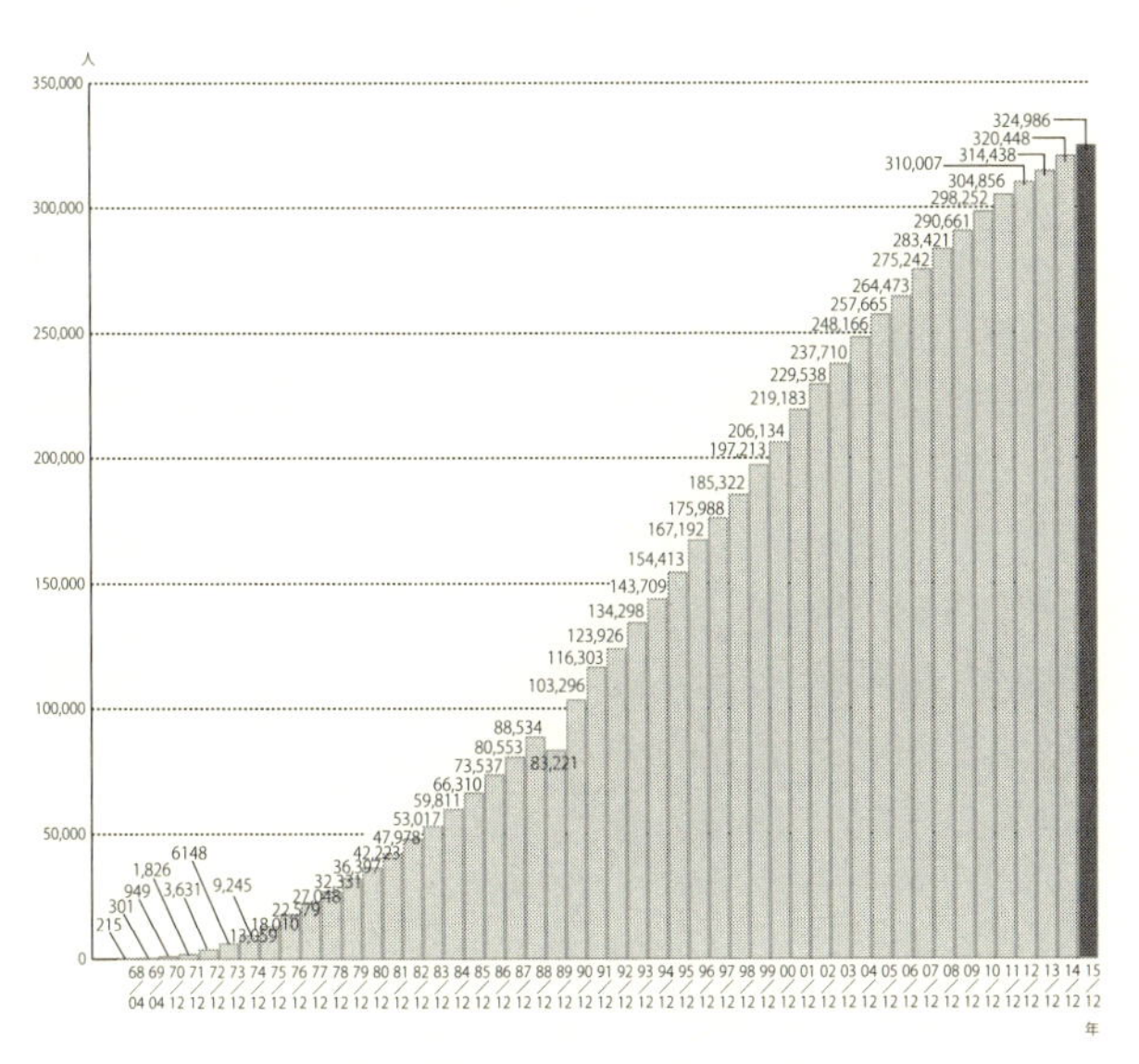

出典：日本透析医学会「わが国の慢性透析療法の現況」

大腿骨頸部骨折という、高齢者に最も多い骨折部位だけ見ても、2007年の時点で40歳以上の男女における大腿骨近位部骨折はおよそ15万人。[※10] 社会の高齢化に伴い、この数字は増加傾向にある。

一方、厚生労働省が把握している要支援、要介護の高齢者は、認定されているだけで500万人以上に上り、[※11] 骨折・転倒はその原因の実に10％以上を占めている。[※12]

糖尿病、そして、骨粗鬆症。

はじめは症状もない、よく耳にする病気が、さまざまな不調や合併症を体内に呼び込み、私たち一人ひとりの「元気」を蝕んでいく。

一つの病気は、一つきりでは終わらない。それに続く長きにわたる健康的な日々を犠牲にすることにつながっているのだ。

今の医療は、「お金」をムダにしてしまっている

ここまでは、病気がもたらす災難について、おもに健康の側面からお話ししてきたが、この項ではもう一つの外せない、でも避けられがちなポイントである、「お金」の話をしたい。

病気によって失われるお金には、治療費だけでなく、病気やその治療が原因で失われる収入（機会費用）[※13]の喪失の二つがあるが、ここではおもに治療費に焦点をあてて話を進めていく。

1・2兆円かけてたったの5分の1

まずは、「あなたの二つの運命」で取り上げた糖尿病治療について見ていこう。

先ほどの糖尿病の例では、今の医療が治療に成功しているのは、全患者の4分の1、450万人のうちの、わずか110人と見積もることができた。この110万人の血糖コ

ントロールを達成するために、私たちはどのくらいの医療費を使っているのだろうか。

厚生労働省の発表によると、２０１４年に糖尿病治療に投じている医療費は、なんと約1・2兆円[※14]だ。

もちろん、この1・2兆円には血糖コントロールができていない人に投じられた医療費も含まれている。だから、もし医療が完全な成果報酬だったとして、つまり私たちがこの1・2兆円のすべてを成果の上がっている１１０人に投じていたとすると、私たちは糖尿病患者1人の血糖をコントロールするために、年間約１１０万円の医療費をかけていることになる。

あるいは、1・2兆円を単純に４５０万人という総患者数で割ってみると、1人あたり27万円。1人あたり27万円という医療費を投じても、4分の3の人には十分な成果を出せていないと言うこともできる。

いずれにせよ、今の医療のもとでは、1・2兆円という医療費を費やしてもなお、糖尿病患者の4分の3の人たちに対して「医療ができること」を活かせていないのだ。

人工透析でさらに１・６兆円

一つの病気は一つでは終わらない、という先の話のとおり、糖尿病が原因となる医療費はこれにとどまらない。神経症、網膜症、腎症、心筋梗塞、脳卒中、感染症、壊疽――先に触れたとおり、糖尿病の合併症は身体の広範囲に及び、その数も多い。当然ながら、糖尿病患者が新たに合併症を発症するたびに、治療のための医療費が必要になる。たとえば、運命①であなたが発症した心筋梗塞では、平均約２００万円の医療費がかかるとされている。[※15]

続いて、あなたの運命①のなかで医師からじき必要になると告げられた人工透析について見てみよう。

先に述べたように、人工透析とは、腎臓の機能が破たんしてしまった人に使う治療で、週3回、1回2～4時間にわたる処置が一生続くことになる。費用は、一人あたり年間約５００万円だ。人工透析患者は約32万人[※16]いるから、私たちは人工透析に年間約１・６兆円の医療費を費やしていることになる。
一方、糖尿病による腎症が原因で人工透析が必要になった患者はそのうちの43・7%[※17]だから、およそ0・7兆円が糖尿病を原因とする人工透析治療に投じられていることになる。

糖尿病における血糖コントロールは、技術的に難度が高いものではない。加えて、治療薬も十分普及している。

だが、残念ながら「今の医療がしていること」は、1・2兆円ものお金を使い、糖尿病患者の4分の1だけを良好にコントロールしているにすぎない。そして、残る4分の3の人たちは、日々増大する合併症のリスクを——おそらくは無自覚に——背負いながら生きているのだ。

そして、さまざまな合併症のうち、人工透析だけを取り出してみても、糖尿病は毎年1・6万人の新たな人工透析患者を生み出して、0・7兆円ものお金を投じている。他の合併症を勘案すれば、全体では数兆円規模にもなるだろう。

今の医療が持つ実力をもってすれば、上手に管理できるはずの糖尿病。そのたった一つの病気を管理できないことで、私たちが支払っている代償は、患者さん4分の3——

３４０万人——の健康リスク、そして、数兆円にのぼる医療費なのだ。

骨粗鬆症性骨折が原因で１兆円

一方の、骨粗鬆症はどうだろうか。

前述のとおり、骨粗鬆症では、患者全体の10〜20％しか治療を受けておらず、１千万人もの骨粗鬆症患者が図らずも放置されており、また、骨粗鬆症による骨折患者の半数が歩行能力を低下させ、５人に１人が寝たきりになっていく。

２００５年と若干古いデータだが、この年の推計によると、骨粗鬆症性骨折に要する医療費、介護費の年間費用は、７９７４〜９８９５億円[※18]と言われている。

２００５年と２０１２年の65歳以上の人口を比較すると、２００５年時点では２５７０万人、２０１２年で３０００万人となっていて、２割近く増加しており、その分、骨粗鬆症患者も骨粗鬆症にかかる医療費も増加していると考えられる。

いずれにせよ私たちは、骨粗鬆症患者１千万人を放置する代償として、おおよそ１兆円に及ぶお金を支払っているのだ。

また、「医療費」や「介護費」として見えてこない費用も考える必要がある。この項の冒頭で述べた「機会費用」だ。

歩行能力が奪われたことによる生活の質の低下や生産的な活動（たとえば地域の清掃をしたり、孫の面倒を見たり）への支障といった影響が出る。家族も介護のために就業時間を短くしなければならなくなり、場合によっては就労をあきらめなければならない場合もあるだろう。

骨粗鬆症のケアが十分になされないことによって、実際に「医療費」や「介護費」として集計されうる損失だけでなく、数字としては明らかにはなっていない、だが膨大な機会費用も社会から奪い取られているのである。

糖尿病と骨粗鬆症という二つの病気を例にとって、今の医療がしていることと医療が本来ならできることのギャップについて書いてきた。

現場では決して珍しいとは言えないケースから、患者やその家族の立場から見るとおよそ歓迎できない結末を迎えるかもしれないこと、そして、それは本来の医療の実力をもってすれば避けられる部分が多いことがおわかりいただけただろう。

ここまで読んで、なぜこうなるのだろうか、その原因は何なのかという疑問が次々に湧いてくるのではないだろうか。

もちろん、そうした問いに対する筆者らなりの答えはこの本の中で提示していく。だがその前に、社会にとっての医療の位置づけや意義などについて、もう少し説明しておきたい。それによって、これまで述べてきたような医療がかかえる問題の本質を、見誤ることがなくなるからだ。

次章では、この章の後半に書いた医療が社会にもたらす負担について、その構造の詳細を示すとともに、そうした負担が私たち一人ひとりにとって縁遠いものでないだけでなく、誰しもが決して逃れられるものではないことを示していきたい。

※1　http://www.dm-net.co.jp/calendar/2011/011782.php

※2　厚生労働省「平成19年　国民健康・栄養調査」

※3　厚生労働省「平成23年度　患者調査」
※4　骨粗鬆症の予防と治療ガイドライン作成委員会『骨粗鬆症の予防と治療ガイドライン2011年』ライフサイエンス出版、2011年
※5　J-MORE研究
※6・7　厚生労働省「平成23年　患者調査」
※8　久山町研究（50年以上の歴史を持つ日本の疫学コホート研究）
※9　林泰史「大腿骨頸部骨折と寝たきり・寝たきり患者数と原因」Clinical Calcium 9: 1186-1188、1999年
※10　Orimo H, Yaegashi Y, Onoda T, et al. Hip fracture incidence in Japan: estimates of new patients in 2007 and 20-year trends. Arch Osteoporosis 2009; 4: 71-77
※11　厚生労働省「平成22年度　介護保険事業状況報告」
※12　厚生労働省「平成22年度　国民生活基礎調査の概況」
※13　機会費用：ある行動を選択することで失われる、他の選択肢を選んでいたら得られたではずの利益のこと。たとえば、大学で勉強するということは、大学に授業料を納めなければならないというだけでなく、その間、フルタイムで働くことをあきらめることでもある。このとき、もし大学に通わずに働いていたならば得られたはずの収入が、機会費用にあたる。
※14　厚生労働省「平成26年度　国民医療費の概況」
※15　http://www.ajha.or.jp/hms/outcome/bunseki_7.html
※16・17　人工透析医学会「わが国の慢性透析療法の現況2011年12月31日現在」、2012年

※18 原田敦ら「骨粗鬆症の医療経済――疫学、費用と介入法別費用・効用分析――」日本老年医学会雑誌、42: 596-608, 2011年

第2章

今、社会が背負っている「医療」の姿

前章では、ひとたび病気にかかると、時間的にも経済的にも負担を余儀なくされ、生活の質（ＱＯＬ）が低下してしまうこと、さらに、それを放置するなどして適切に管理しないことで、ますます負担が増えていく様を描いた。

一方、医療の使い方を変え、その実力をうまく引き出すことで、これらの負担を大きく低減させることができることも示した。糖尿病や骨粗鬆症のように、将来の合併症が予想できる病気ではなおさらだ。

しかし残念なことに、そうした医療本来の力が、驚くほど活用されていないのが日本の医療の現状だ。そのせいで、病気にかかることによる負担が、患者のＱＯＬの低下や莫大な医療費としてだけでなく、さまざまな見えない負担となって私たちの生活に影響を与えている。

本章では、医療に関わる負担の部分をもう少し掘り下げるために、医療費について取り上げ、医療費全体としてそれがどのようにまかなわれ、どのように使われているのかを解説していきたい。

医療にかかるお金は、誰がどれだけ払っているのか？

どうやって集め、誰が受け取っているのか？

医療の中でのお金の流れを確認することで、「医療」という存在が社会にとって大きな存在であり、かつ意識されないくらいに浸透しきっていること、つまり、病気や健康のリスクの有無にかかわらず、私たち国民の全員が、「医療」に大なり小なり関わっていることを理解していただけるはずだ。

医療費は、どこからやってきて、どこに消えていくのか？

130万年の医療費⁉

序章でもお話ししたように、日本の国民医療費は2015年度で42・3兆円と推計されている。これは国民1人あたり約33万円、国の予算の44％に相当する。そして、この医療費に含まれるのは、医療機関における診療費、在宅医療・看護費、薬剤費、入院費の保険適用分だ（患者負担分を含む）。

とはいえ、42・3兆円といっても、多くの人はその大きすぎる数字にイメージがわかないかもしれない。では、こういう表現ではどうだろう。

42・3兆秒は、約133万年にあたる——。

途方もなく莫大な数字であることが、少しはおわかりいただけただろうか。

いつの間に私たちは、医療費をここまで膨大なものにしてしまったのだろうか？

それを知るために、まずは、日本の医療制度の成り立ちを、ざっとおさらいしてみよう。

日本の医療保険制度の成り立ち

現在の日本の医療制度の原型は、1961年、戦後十数年でつくられた。当時は、まだ多くの無保険者が存在している時代。[※1]経済が急速に復興し、社会全体が戦争直後の窮乏生活を脱しつつあったその年に、「国民皆保険」が導入されたのだ。

皆保険というものがどういうものかは後述するが、この制度が導入されることによって、日本国民全員が医療にアクセスする権利を持つに至った。とくに、フリーアクセスと称される、誰でもどの医療機関でも受診できる仕組みは、当時の日本にしてみれば、そして当時の世界の医療の中では群を抜いて素晴らしいものだったと言える。長く、「世界に冠たる国民皆保険制度」と自賛してきたのはそのためだ。

続いて、皆保険成立当時の疾病構造を見てみよう。

次のページの図9からもわかるとおり、当時はまだ、感染症や不慮の事故による死亡が多かった。だから、こうした急性疾患への対応を整備・普及させることが社会資本への投資であり、同時に、当時の医療技術のレベルに合った対応でもあったということだ。

また、ガン、心疾患、糖尿病のような、生活習慣に起因する、長期間つき合う必要のある疾患と異なり、**感染症や事故は基本的に、治って社会復帰をするか、そこで命を落とすかのどちらかしかない。**

だから、この時点では**「治療する」こと、あるいは「死なせない」ことが医療のミッションそのものであり、**国民皆保険は、そうした治療にフォーカスした医療を増産し、すべての国民に届けることを目的としていたことになる。

そのおかげもあって、国民皆保険導入後には日本の平均寿命や乳幼児の死亡率は劇的に延長、改善している。当時の疾病構造や医療の目的にマッチした制度をつくりあげることで、日本は医療の恩恵を存分に享受してきたと言えるだろう。

そして、先達たちはその後約60年かけてこの制度を拡充させ、公平性と安定性の高い、世界に誇る仕組みを確立してきた。

図9　主要死因別死亡率（人口10万対）の推移（～2011年）

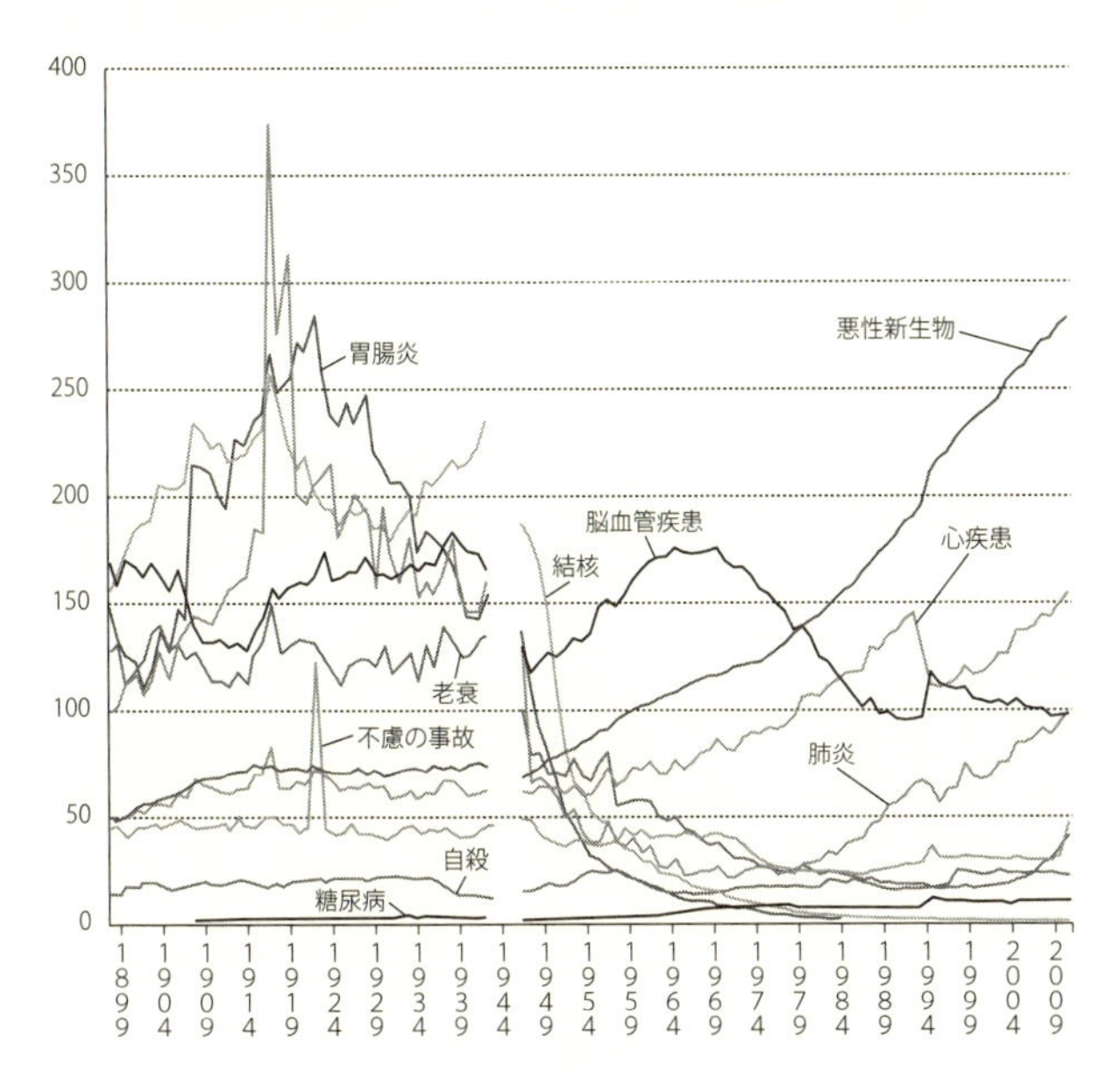

注：1994年の心疾患の減少は、新しい死亡診断書（死体検案書）（1995年1月1日施行）における「死亡の原因欄には、疾患の終末期の状態としての心不全、呼吸不全等は書かないでください。」という注意書きの事前周知の影響によるものと考えられる。

出典：厚生労働省「人口動態統計」

それ自体は誇らしいことだし、これからもこの制度の素晴らしい面は存分に活かしていくべきだと筆者らも考えている。

一方、医療費に目を転じてみると、皆保険の導入以降、日本の医療費は跳ね上がっている（図10）。

皆保険の導入によって、それまで医療へのアクセスが難しかった3千万人近くの国民が医療にアクセスするようになったのだから、当然といえば当然なのだが、医療費高騰の原因はそれだけによるものではない。

医療費が急激に増加した原因には、自己負担の減額や老人医療費無料化、医療の価格（診療報酬）の引き上げ等の影響も大きいとされており[※2]、1961年から1978年までの国民医療費は、1971年を除き[※3]、毎年2桁で延びてきた。年平均伸び率も19％と非常に高い。

それでも医療費をまかなうことができたのはなぜかといえば、若年層が増加するなかで、高度経済成長があったからだ。

医療費が年平均19％というすさまじい勢いで伸びていくなか、国民総所得も年平均15％伸び続けた。だから、負担が増えても、ある程度は国の経済力が成長することによってそ

図10　国民医療費の年次推移

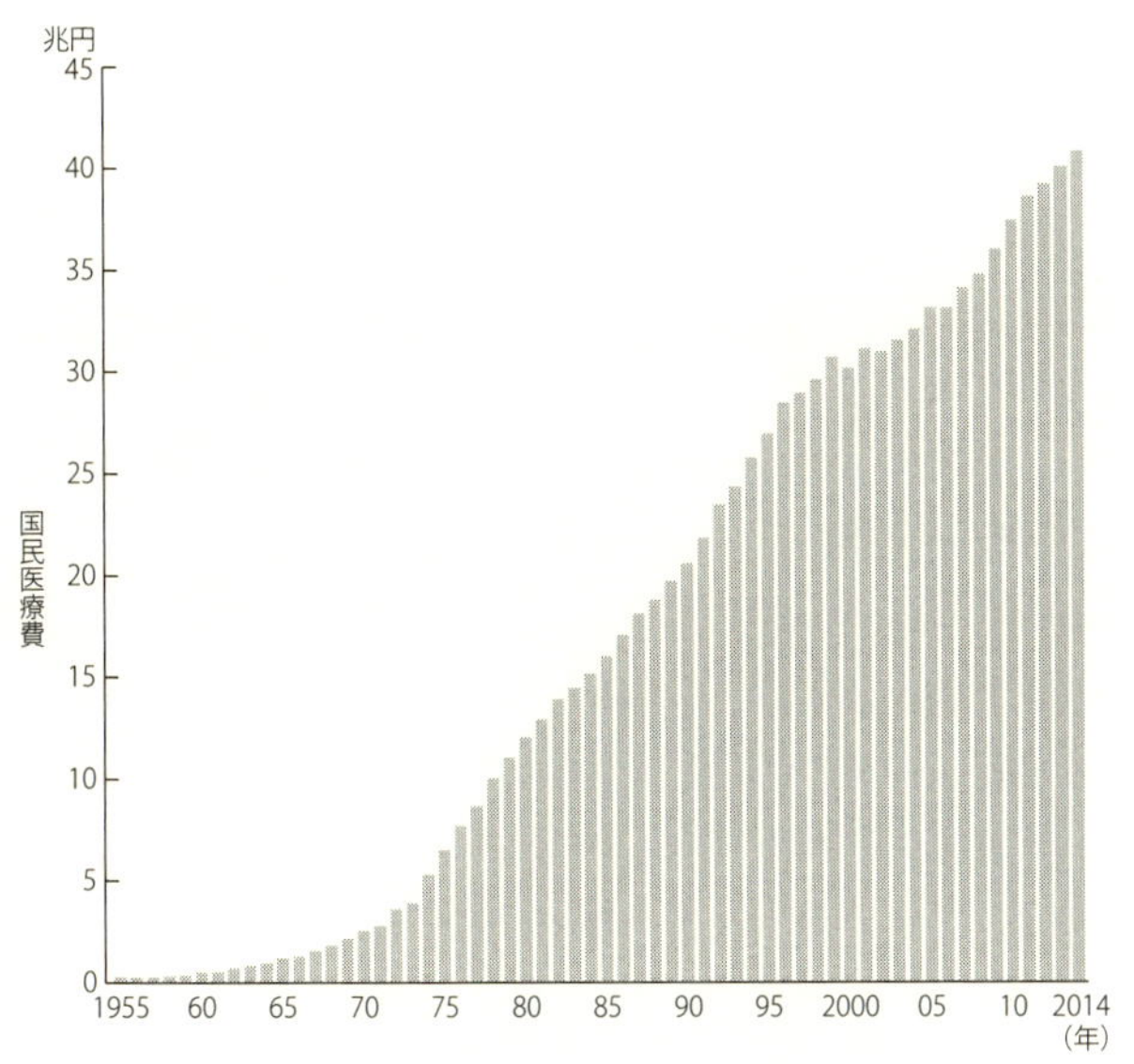

出典：厚生労働省「平成26年度　国民医療費の概況」

の費用をまかなうことができたし、そうした経済成長が続くことを前提とした、楽観的な対応が可能だった。

今の医療を支える仕組みは、高度経済成長当時の人口構成をもってしても、経済が大きく成長すればこそ、なんとか維持できるものだったのだ。

医療費は誰が負担しているのか

高度経済成長が支えてきたとも言える医療費。それは今、どこからやってきて、どこに消えていくのか？　もう少し詳しく見ていこう。

ひとくちに医療費といっても、それを払う人と受け取る人がいるはずだ。

図11を見てほしい。医療費負担は、国の負担（税金）が39％、加入者が負担する保険料が49％、そして患者さん自身が負担する分が13％となっている。

保険料の話はこの章の後半で説明するのでそちらをお読みいただくとして、ここで注意しておきたいのは国の負担分（公費）だ。

図11　国民医療費の財源別負担構造と医療機関の費用構造

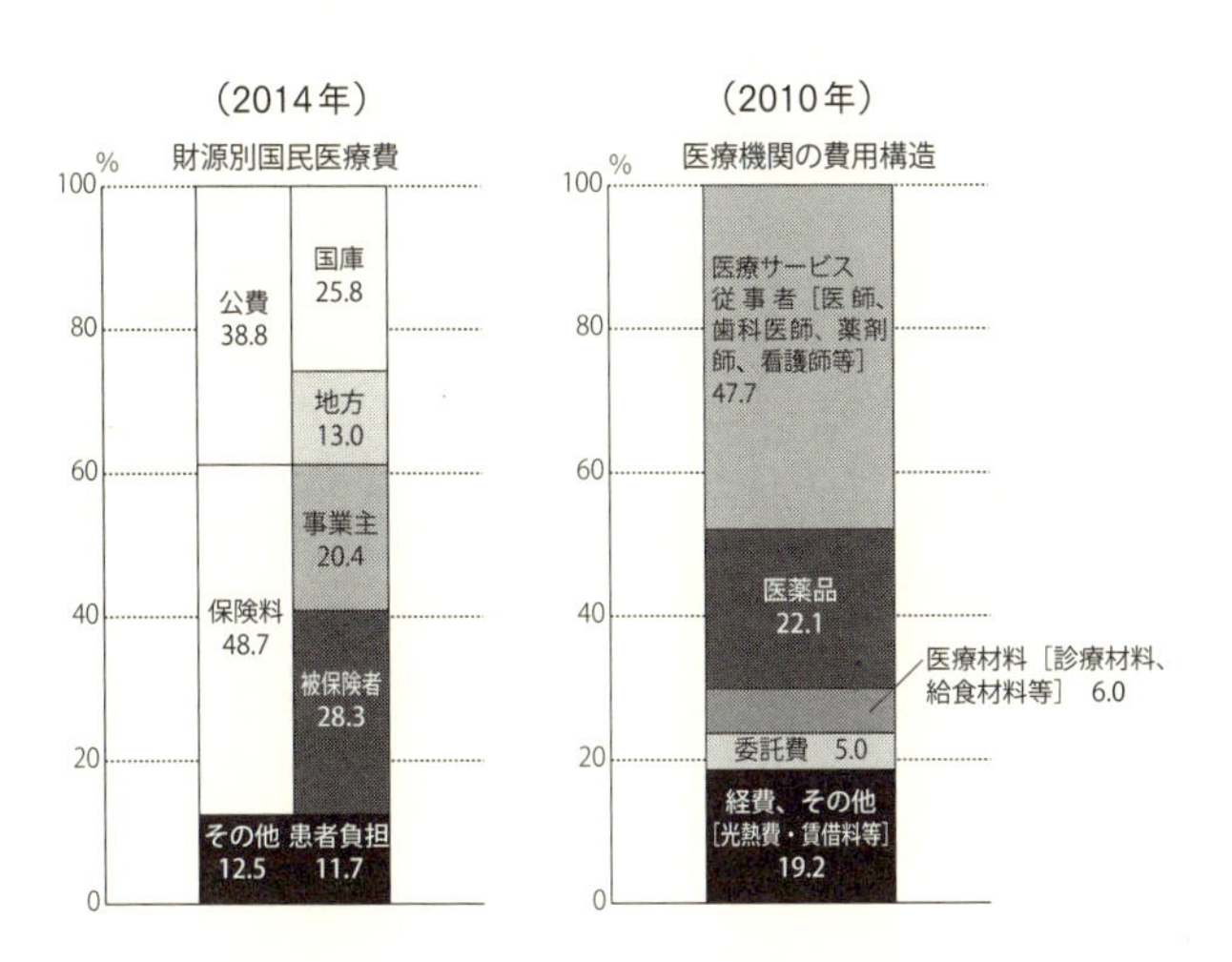

出典：厚生労働省「平成22年度、26年度　国民医療費の構造」

医療費って国が払っているんでしょ、あるいは、あら、国って4割くらいしか払ってくれていないんだ、と呑気に思っている方もいらっしゃるかもしれないが、残念ながら「国」なんて「人」はいないのだ。国が働くこともないし、貯金を持っているわけでもない。

国のお金とは、言うまでもなく、国民から集めた税金だ。**国が負担しているといっても、そのお金はほかならぬ私たちが払っているのだ。**

つまり、医療費のうち、税金分の38％と保険料分の49％を合わせた実に87％が、国という、いもしない誰かでも、患者さんでもなく、**病人でも患者でもない人を含めた私たち自身の財布から支払われているのだ。**

医療費には、3千通りの負担の仕方がある

それにしても、保険料とはいったい何なのだろうか？

ここでは保険という仕組み、その中にいる保険者という存在に目を向けてみたい。

保険の仕組みは、周知のとおり、起こりうるトラブルに備えて加入者（被保険者）がお金を出し合ってプールしておき、実際にトラブルが起きたときにはその当事者となった加

入者にお金を支給する（保険償還）という共助（助け合い）の仕組みである。

加入者が支払うお金を保険料、お金を集めている人を保険者と呼ぶ。医療に限らず自動車保険や生命保険などもこうした仕組みを用いているが、医療の世界では、病気やけがなどのトラブルによる治療費に備えて、「健康保険」という制度をつくるのが先進国の常識になっている。

先に述べたとおり、日本では1961年以降、国民全員がなんらかの健康保険に加入すること（国民皆保険）となっていて、これによって、日本国民は誰でも「保険証」を持ち、病気やけがで医療機関を受診した際にこの「保険証」を提示すれば、医療費の多くを保険者から支払ってもらえるようになっている。（ただし、後で詳しく説明するように、この「保険証」でカバーされる医療サービスの範囲は、事前に決められている）。

保険の仕組みでは、加入者のお金を集め、いざというときに費用を支払う「保険者」という存在が不可欠だが、日本の場合、この保険者は3千以上存在する。あなたが所属している保険者を知りたければ、保険証を見てみてほしい。「～健康保険」「～健康保険組合」などと書いてあるだろう。それが、あなたの保険者だ。

保険者は、それぞれ独自に保険料を設定し、加入者から集め、必要に応じて対象とする医療サービスの費用を肩代わりする形で保険償還している。

保険料の設定は、おもに企業が保険者となっている健康保険組合であれば給与の一律何%という設定を会社ごとに決めているし、地方自治体が保険者となっている国民健康保険の場合は、自治体ごとに世帯の人数や地域の世帯数などから計算して決めている。

つまり、3千の保険者が3千通りのやり方で保険料を設定し、お金を集めているのだ。

この集めたお金の総計が、先に書いた国民医療費の49%にあたる保険料である。

負担の格差は6倍!?

それぞれの保険者が独自に保険料を設定し、集めていると聞いて、おや？　と思われる人もいるだろう。国全体で保険料が決められているわけではないのか？

実は、**保険料は全国一律にはなっていない。それどころか大きくばらついているのだ。**

表2にあるように、企業の健康保険組合が設定する保険料の場合、企業によって給与の6%未満というところから10%以上というところまで開きがある。

表2　2016、2017年の健康保険組合の保険料率別組合数

	全組合			
	2017年度	構成割合(%)	2016年度	構成割合(%)
6.0%未満	9	0.65	11	0.79
6.0～6.5%未満	14	1.02	15	1.07
6.5～7.0%未満	14	1.02	15	1.07
7.0～7.5%未満	48	3.49	53	3.79
7.5～8.0%未満	73	5.31	87	6.22
8.0～8.5%未満	143	10.40	159	11.37
8.5～9.0%未満	177	12.87	183	13.08
9.0～9.5%未満	265	19.27	270	19.30
9.5～10.0%未満	316	22.98	303	21.66
10.0%～10.5%未満	215	15.64	216	15.44
10.5%～11.0%未満	70	5.09	61	4.36
11.0%以上	31	2.25	26	1.86
合計組合数	1,375	100.00	1,399	100.00
保険料率平均	9.168	-	9.100	-
協会けんぽ料率(10.0%)以上の組合数(再掲)	316	22.98	303	21.66

注１：2017年度欄については、予算データ報告があった組合（1,375組合）ベースの数値である。
注２：保険料率には調整保険料率が含まれる。

出典：健康保険組合連合会
「平成24年度　健保組合予算早期集計結果の概要」より改変

自治体ごとに運営されている国民健康保険にいたっては保険料の格差は4～6倍だ（図12）。

なぜ、こんなことが起こるのだろうか？

それは、保険者がそれぞれ独立採算の発想を前提にしているからだ。3千を超える保険者は、どれも保険料という収入と医療費の支払いという支出の収支を独自にバランスさせることが、建前上の原則となっている。

だから、自分と同じ保険に加入している他の誰かが不健康な生活をし、それを野放しにしていれば、医療費の支出も大きくなるために保険料率は上がっていく。逆に、病気やけがとは無縁の加入者ばかりが集まった保険者であれば、保険料率は安くすむのだ。

また、加入者が少ない保険者のもとでは、ちょっと医療費がかさむと、それを負担する人数が少ない分、保険料が上振れしやすいし、加入者がとても多い保険者のもとでは、かさんだ分をみんなで広く支えればよいため影響は小さくてすむ。

だから、たとえば高齢者を多くかかえる保険者では、1人あたりの医療費支出が多いために保険料を高く設定せざるを得ない。

高齢化の進んだ企業や地域、とくに若者が減って高齢者が残った自治体はなおさらだ。

図12　市町村国民健康保険間の保険料のばらつき
（標準化指数＊）（2016年）

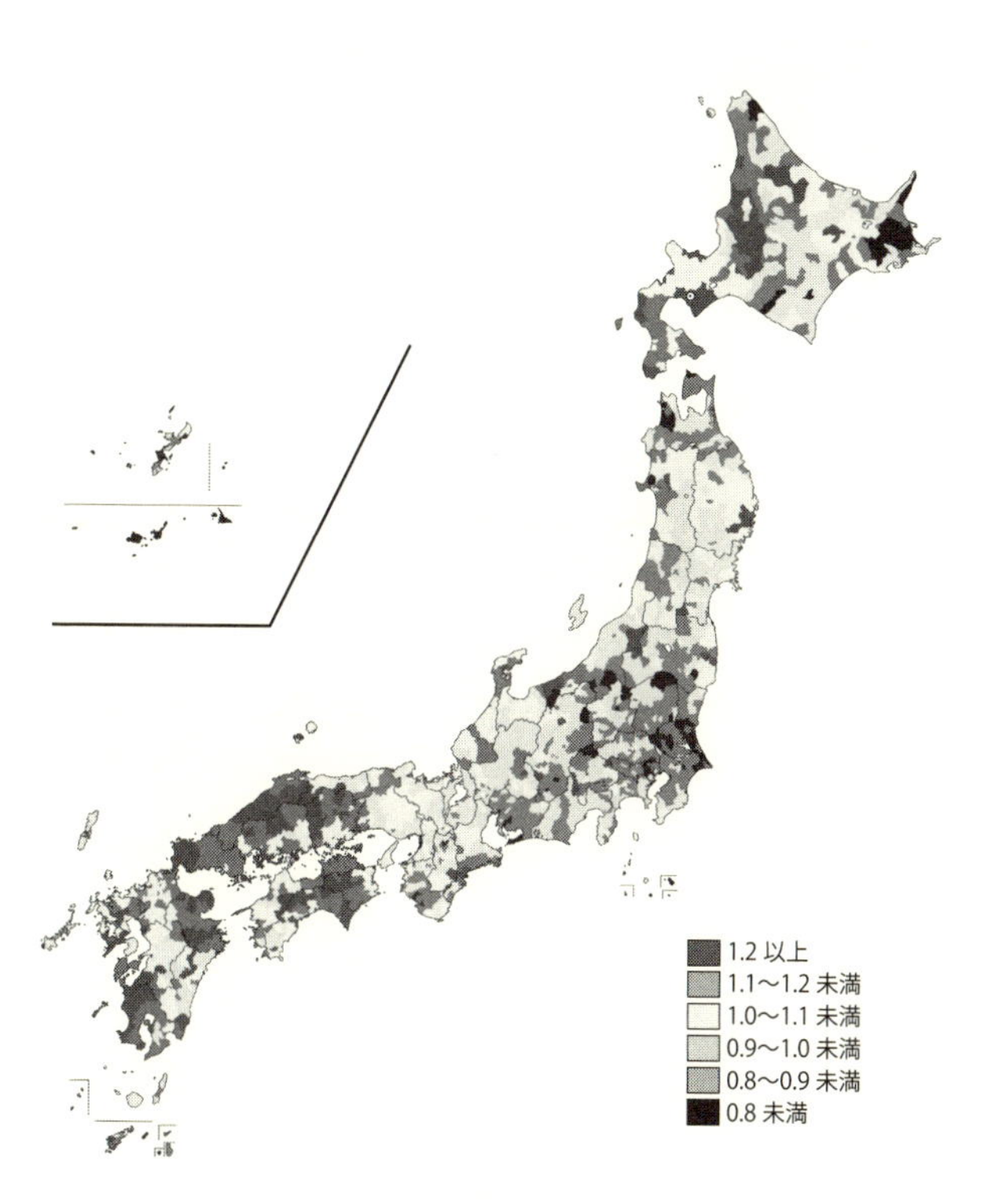

出典：厚生労働省
「平成28年度　市町村国民健康保険における保険料の地域差分析」

＊標準化指数とは、全国の保険料水準を比較するための指数で、平均所得者の応能割（収入や資産に応じて計算される保険料）と応益割（収入や資産に関係なく一律に計算する加入者１人あたりの保険料）の所得に対する比率を加重平均したもの。

実際、それがために自治体の保険料格差は大きくなってしまっている。

一方で、保険者間でお金を融通する仕組みも整備されている。**高齢者医療制度**がその最たる例だ。医療費がどうしてもかさんでしまう高齢者の医療費は、各保険者独自では支えきれないために、それを全国民で支えようというのが、その制度の基本的な考え方だ。

こうした仕組みの中で、保険者間で融通するお金は、実はかなりの額にのぼる。多い場合には集めた保険料の半分以上をこうした他の保険者を支えるために支払っている保険者もある。

言い換えれば、**加入者から集めたお金の半分以上を、自分の保険の加入者ではない人の医療費に使っている**場合もあるということだ（この仕組み自体、悪い仕組みではなく、避けられない仕組みなのだが、残念なことに、現行の制度ではその内部に大きな問題をかかえてしまっている。それについては次章で詳述する）。

しかも、もう一つの問題として、自治体が保険者となっている国民健康保険では、保険料の平均納付率が90％に満たない。つまり、加入者の1割以上が保険料を払っていない。

そして、その**取りっぱぐれの補てんも別の加入者からのお金でまかなっているのだ**。

医療費はどこに消えた？

では、このように支払っている私たちのお金はどこに使われているのだろうか。

もちろんこのお金の行く先は、病院や診療所、薬局といった保険医療機関などだ。

95ページの図11にもあるとおり大雑把に言って、人件費に半分、医薬品などに4分の1、残りがその他施設設費用などに使われていく。

だが、これは、お金が支払われる先がどこかを示しているにすぎない。どんな人たちが人生のどのタイミングでどのくらいの医療費を使っているのだろうか？

年齢別1人あたりの医療費を見てみると（図13）、目を引くのは、やはり、50代に始まり、60代、70代以降へと続く急激な伸びだろう。日本の医療費は、65歳以上の世代が全体の実に55％を使っているのだ。

額にしておよそ21兆円である。

もちろん、このグラフが右肩上がりになるのはいたし方ない。加齢は病気になるリスクの最大の因子だからだ。私たちは年を重ね、死に向かっていく過程でさまざまな不調をきたす。これは当然のことだ。

ここで考えなければいけないのは、この勾配だ。

この急激な勾配は、なぜ生まれるのだろうか？　この勾配を緩やかにすることはできないのか？　あるいは、この勾配は、加齢が原因だとしても、ほんとうに妥当なものなのだろうか？

現役時代に健康をケアできなかった高齢者が、リタイアしてから医療費を押し上げている？

第1章のあなたの運命①を思い出してほしい。

あなたは、糖尿病の疑いありと言われながら、精密検査に行くことなく糖尿病を悪化させた。そして、何年か後に心筋梗塞で倒れる。そこに至るまでの選択の数々を思い起こしてほしい。

糖尿病の再検査を勧める通知を受け取ったあなたは、目の前のことを優先してケアを先送りした。そうした選択の原因はあなただけにあるのではない。あなたの会社も、あなた

図13　人口1人あたり国民医療費（2014年）

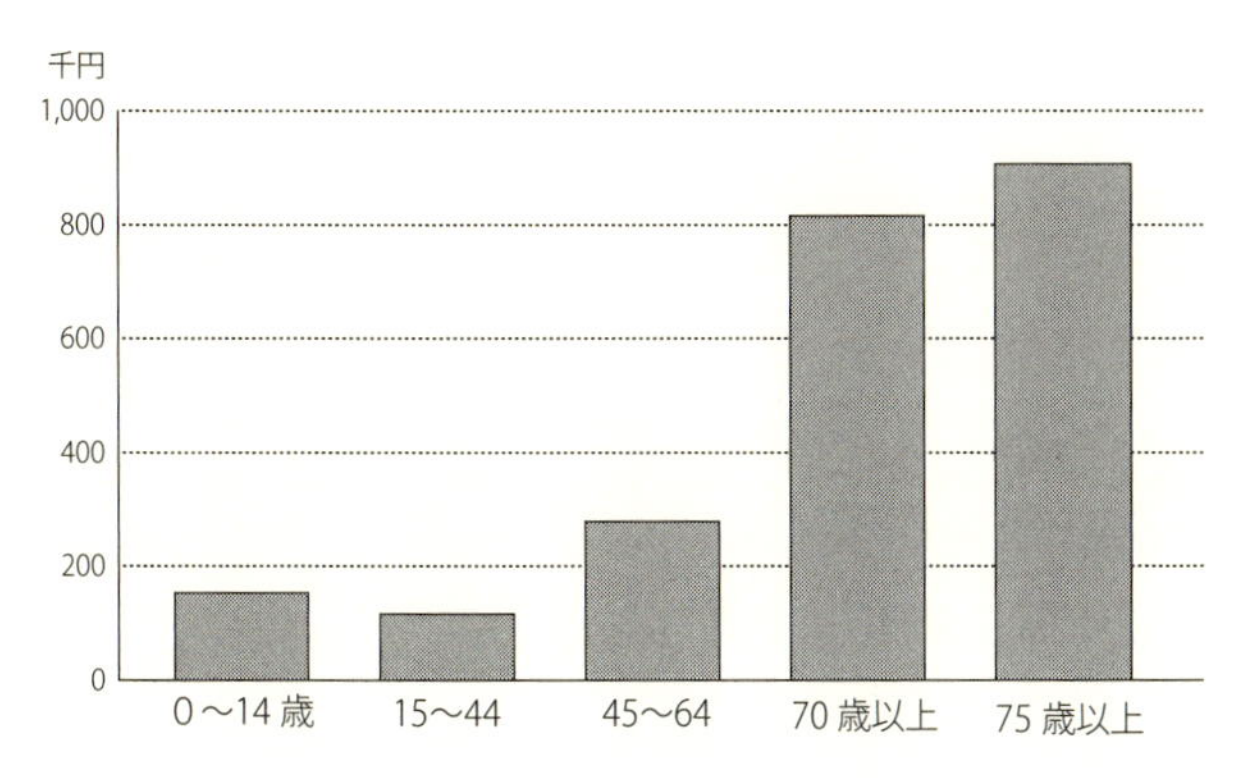

出典：厚生労働省「平成26年度　国民医療費の概況」

という労働力をリソースとして活用しながら、健康面のケアはしてくれなかった。健康診断は口うるさく言って受けさせたかもしれない。でも、「糖尿病の疑いあり」と言われたあなたに精密検査を受けさせる努力を企業は途中で放棄しているのだ。

そして、あなたと似たような運命をたどる人が、時期や合併症の程度はともかく、日本の津々浦々に存在している。

糖尿病や高血圧などの生活習慣病に関連する医療費は、一般診療医療費[※4]の約3分の1を占めるとされる。[※5]

この医療費の中には、なんらかの生活習慣病の診断を受けて、その管理をしっかり行っている人の医療費だけではなく、あなたの運命①で描かれたような、現役時代に健康や病気のケアを先送りしたことと引き替えに後で背負うことになった医療費も含まれている。65歳以上の高齢者のための21兆円という膨大な医療費の中にも、その双方が含まれているのだ。

同じように、春子の運命①で、春子はほんのつまずきから骨折を起こし、懸命にリハビリしたものの骨折を繰り返し、ついには寝たきりになってしまった。その背景には、診療所で検査を勧められることも、自らがそのリスクを認識して行動を起こすこともなく、結果的に骨粗鬆症を放置してしまった経緯があった。

春子の運命の分岐点となったのは、診療所での「そろそろ骨粗鬆症の検査を受けてみませんか？」というたったひとことと、その言葉に素直に従った春子のちょっとした意識の持ちようだけだ。まさか、そんなに将来に差が出るとは知らなかったと嘆いたところで、骨折してからでは取り返しがつかない。年間1兆円にも達すると言われる骨粗鬆症性骨折に要する医療費、介護費の背景には、こうした数多の「知らなかった」「そうは思わなかった」というストーリーがあり、そうした将来をたどる、あるいは残念にもたどってしまった可能性がある人たちが1千万人もいるということなのだ。

こうして、自らも、そして社会全体も、悪意のないままに人々を運命①へと導いた結果、それが図13の強い勾配、というわけだ。そして、その代償は、高齢者の失われた健康的な生活であり、介護をする者の機会費用であり、巨額の医療費であり、介護費なのだ。

隣のメタボの医療費も、あなたが支払っている

健康保険という仕組みが、防御できない「まさかの病気やけが」に伴う人生のリスクを低減してくれる大事な仕組みであり、その意味で非常に優れた社会制度であることは、筆者らもよくわかっているつもりだ。皆さんもきっとそうだろうと思う。だから筆者らは、この皆保険という仕組み自体は守るべきものだと思っている。そのおかげで国民全員が医療にアクセスできるだけでなく、健康を「自分ごと」にせざるを得ないという状況ができている。

だが、前章やこの章の前半で述べたとおり、今の医療費の中には、「ほんとうに気の毒な、まさかの病気やけが」の費用だけでない費用が、実は相当含まれてしまっている。

つまり、**あなた自身は健康でも、不健康な生活にどっぷり浸かった隣のメタボの医療費も、幾ばくかは負担しなければならない**ということだ。とはいえ、不健康を放置している人も、医療費は払ってもらえる（他人に負担させられる）としても、自分の生活の質が下がってしまうのだから、決して「得している」とはいえないのだが。

いずれにせよ、**この仕組みの中の誰かがたくさん医療費を使えば、そのツケは仕組みの中の全員に回ってくる。**私たちは、そうした負担と引き替えに、自分が健康を損なったときに自由に医療にアクセスする権利を得ている。

あまり語られてはこなかったが、**医療という仕組みの中で、私たちは、常に隣に住む誰かに対しても、ある種の責任をかかえながら生きている。**望むとも望まざるとも、そういう仕組みの中に誰しもが否応なく身を置いている。

※1　国民皆保険の導入が検討され始めた1956年当時、2871万人の無保険者がいた（『昭和31年度版　厚生白書』）。ちなみに、当時の日本の総人口は9017万人。

※2　島崎謙治『日本の医療　制度と政策』東京大学出版会、2011年

※3　1971年には「保険医総辞退」があり医療費が減少している。

※4　医療費のうち、歯科診療や薬局への支払いなどを除いた分。

※5　東京都保険者協議会「医療費の分析とその活用――医療費適正化に向けて――」、2012年

第3章

なぜ健康とお金をムダにしてしまっているのか？

それにしても、医療の持てる力がここまで発揮されず、これほどまでに健康とお金とをムダにしてしまっているのは、いったいなぜだろうか。

誰だって、病気になりたいなどとは願ってはいないし、お金をムダにしたいとも思っていないはずだ。それなのになぜ、そうした気持ちに反して、医療の持てる力を発揮させることなく、守れるはずの健康をこうも簡単に失わせ、使わなくてもよいはずのお金を膨大に費やし続けているのだろうか。

医療が持つ実力、その基本的な部分だけでも私たちがもう少し効果的に活用できるようになれば、つまり、先の糖尿病の例で言えば、血糖を良好にコントロールできている糖尿病患者を、今の4分の1から4分の2、4分の3と増やしていくことさえできれば、高血糖というリスクを放置する人が減るし、人工透析をはじめとする合併症の治療費も大幅に削減できるはずだ。

同様に、骨粗鬆症の治療を行きわたらせることができれば、放置していたがゆえの骨折の治療費や、そこから派生する介護費用は必要なくなる。そして、そうした治療や介護の必要のない健やかな日々を、もっと多くの人がもっと長い間過ごすことができるようになり、私たちは今よりも元気な社会を築けるようになるだろう。

それなのに、なぜ医療の実力が発揮されず、健康とお金とをムダにしてしまっているのか。

今後、私たちが、私たち自身が望む社会を築いていくうえでの第一歩として、この問いをどう理解するかはとても重要だ。なぜなら、問題が起きたとき、その理由や背景をしっかりと分析し、その本質を正しくとらえることができれば、今の失敗の上に立ち、今後に向けてよりよいアプローチを探ることができるからだ。

一方で、問題に対する分析を誤ったり、分析そのものをはしょったりしてしまえば、よかれと思ってさまざまな手を尽くしても効を奏することはない。

かのマネジメントの父、ピーター・ドラッカーはこう述べている。

「誤った問題認識への正しい答えがいちばん厄介である（Nothing does as much damage as the right answer to the wrong problem.)[※1]」

そう。正しく問題を認識すること、それこそが唯一のスタートラインだ。

この章では、「なぜ医療の実力が活用されず、健康とお金をムダにしてしまっているのか」という問いに徹底的に向き合い、今の医療がかかえている本質的な問題を浮き彫りにしていきたい。

「トラブルシューティング型医療」という罠

病気になるのを待たないと、医療が始まらない

では早速、私たちと医療とがかかえる問題の本質を探る旅を進めていこう。旅の始まりで行き当たるのは、私たちが医療の場でたびたび直面する、日常のリアルなシーンの数々だ。

まずは再び、第1章で描いたあなたの運命①と運命②の違いに目を向けてみたい。

会社の健康診断で、あなたは糖尿病予備群と診断された。糖尿病予備群は、糖尿病の診断基準に達していないのだから診断上はまだ病気ではない。しかし、糖尿病になるリスクがほかの人より明らかに高い状態だ。

さて、読者の皆さんはこうした予備群に対してどのようなアプローチをとるべきだと考えるだろうか？

様子見、いや注意喚起くらいはしなくては、と思うだろうか？　運命②のように、本格的に病気を発症させないように、食生活、運動習慣などを専門家が指導したり、周囲が本人の生活をサポートしたりして適切なケアを行ったほうがよさそうだと考えるだろうか？

あるいは、あなた自身が糖尿病予備群だと言われたら、どのようなケアを受けたいと思うだろうか？

今の日本の医療の仕組み（システム）では、本格的な発症を間近に控える**患者予備群は、基本的に放置される。**つまり、仮に予備群だと言われて病院に駆け込んでも、「がんばって糖尿病にならないようにしてください」と生活習慣上の諸注意を書いた冊子を渡されるか、「あなたは糖尿病になりそうな状態ですが、まだ診断基準に満たないのでこのまま様子を見ましょう」と言われるのがせいぜいだ。

狭心症や高血圧のようなリスクをかかえていたとしても同様で、医療従事者は、予備群である糖尿病については「糖尿病になったらたいへんですから、お大事にしてくださいね」と声をかけるくらいで、積極的に関与する、つまり発症させないようなプログラムを組んだり、サポートをしたりすることはまずない。

なぜ、このようなことになるのだろうか？

それは、日本の健康保険では病気の診断と治療のみを基本的な給付対象としているため、糖尿病を発症する前の人（この場合の「予備群」）になんらかの医療行為をするという「サービスメニュー」そのものが医療提供者にほとんど与えられていないためだ。

だから、仮に医師が予備群の方のために運命②のようなサービスをしようと思ったとしても、原則保険の対象外となってしまい、そのサービスにかかる費用はすべて患者さんの負担になってしまう（さらには、その診療に関わるほかの医療費まで全額患者負担となってしまう。「混合診療」と言われる問題だ）。

結局のところ、今の日本の医療の仕組みでは、もし、あなたが糖尿病予備群になり、医師に「糖尿病予備群の治療はしていただけないんですか。できれば糖尿病になりたくないんですが」と訴えても、医師はこう言うしかない。

「もう少し悪くならないと、治療はできませんよ」、と。

大きな差を生む小さな打ち手を打たない

骨粗鬆症治療の現状ももどかしい。

66ページで紹介したとおり、骨粗鬆症はとくに70代以上の女性がかかりやすい疾患だ。WHOや日本骨粗鬆症学会、日本骨代謝学会なども、骨折を予防するための骨粗鬆症治療のみならず、骨粗鬆症そのものを予防することの重要性を訴えているし、各自治体では5年に1度程度の頻度で検診を行うなどして、治療の普及と促進に努めている。

だが、先に述べたとおり、全骨粗鬆症患者のうち治療を受けているのは全体の1~2割。潜在患者の大部分にアプローチすらできていない。


春子の運命を思い出してほしい。

運命②で春子は、高血圧治療のために通院している病院で骨粗鬆症の検査を促され、転倒する数年前に治療を開始していた。そして、運命①の春子同様、ふとしたきっかけで転びはしたものの、捻挫程度のけがですませることができた。一方、運命①の春子は、残念ながら骨折を繰り返し、寝たきりになってしまった。

この差は、いったい何から生じているのだろうか？

春子の運命の分岐点となったのは、診療所で「そろそろ骨粗鬆症の検査を受けてみませんか？」という、たったひとことがあったかどうか、そしてそれに従ったかどうかだ。

骨粗鬆症のリスクは、年齢、性別と強く結びついている。

多くの自治体で骨粗鬆症の検診が行われているが、毎年一定数を対象にして行われたり、すべての住民が5年おきに検査を受けられるものだったりと、やり方はさまざまで、いずれも強制力はなく、検診を受けてもらうための仕掛けにも乏しい。

たとえば、検診の案内は、住んでいる地域の自治体からの広報誌に書いてあるか、一目でそれとはわかるものの、無味乾燥なお知らせのはがきが届く程度で、検診の重要性や疾患の恐ろしさが伝わるようにはなっていない。受け取る側も、知ってか知らずかつい検診を先送りにしてしまうこともあるし、そもそも足腰が弱って自力で検診に行くのが難しいケースもある。

先に述べたとおり、女性は閉経後、女性ホルモンが急激に減少する影響で、骨吸収量が骨生成量を大きく上回るようになる。人により骨が吸収されていくスピードはまちまちだが、5年に1度の検診では追いつかない場合もある。[※2] 5年目を迎える前に骨粗鬆症が進行し、そのときに運悪く、何かの拍子で転倒してしまったりすると、取り返しのつかない骨折を起こしうるということだ。

だから、こうした条件にぴったり合った春子のような人がいれば、自治体は検診を強く勧めるべきだし、春子のような年代の人たちは、ほとんどが何かしらの形で医療機関を受診しているのだから、本来であれば、ふだん通っている医療機関で検査を勧めるべきなのだ。

そして何より、本人が自身のリスクを調べておくなどして、将来に備えるとよいだろう。あるいは、周りの人が検査を勧めてもいいはずだ。

こうした、後に大きな差を生む小さな打ち手は、実は身近にあふれている。

先の糖尿病の例とは異なり、骨粗鬆症の場合には、医療機関にも、自治体にも、手を打つことを妨げるような制度や仕組みの障壁もない（もちろん、骨粗鬆症自体を予防しようとすれば、先の糖尿病予備群の事例と同様、仕組みの問題にぶつかるのだが)。

だが、骨粗鬆症患者1千万人が放置されているという事実が物語るように、こうした働きかけは、残念ながら今のところあまりなされていない。

どうやら、春子の運命①と運命②の違いを生む原因は、むしろ仕組み以外のところ——つまり、私たち自身の振る舞いにあるようだ。

「トラブルシューティング型医療」が、健康とお金をムダにしている

さて、話は変わるが、ここであなたに一つ質問したい。

そもそも「医療」とは、いったい何だろうか？

おそらく多くの人は、「医療とは、病気やけがを治すためのもの」と答えるだろう。

広辞苑で「医療」を引くと、「医術・医薬で病気やけがを治すこと。治療。療治」とあるくらいだから、無理もない。

でもこれは、現代においては正しい答えではないだろう。たしかに、「病気の治療」は

医療がしていることではあるが、医療ができることとの全体像をとらえてはいないからだ。

小石川養生所を舞台にした黒澤明の名作「赤ひげ」の設定は、江戸末期というから、１８００年代半ばあたりだろうか。この１８０分にも及ぶ大作には素晴らしいシーンがたくさんあるが、当時の医療が果たしていた役割を考えるときに印象的なのは、三船敏郎扮する新出去定（赤ひげ）のこんなセリフだ。

「この病気に限らずあらゆる病気に対して治療法などない。医術などと言っても情けないものだ。医者にはその病状と経過はわかるし、生命力の強い個体には多少の助力をすることができる。だがそれだけのことだ」


それから１５０年、医療技術はめざましい進歩を遂げた。

序章でも述べたとおり、治療法や検査技術の進化には、目を見張るものがある。

ＨＩＶなどの感染症や生まれつきの病気である先天疾患の一部をはじめ、かつては不治の病と思われていた疾患の治療法や発症を抑える技術が確立し、内視鏡、カテーテル治療などの侵襲性の低い治療技術も進化した。個別の遺伝情報に対応した副作用の低い個別化医療も普及しつつある。

また、PETをはじめとする画像診断や腫瘍マーカー検査など、侵襲性が低く精度の高い検査方法が次々に開発され、からだに負担のかからない方法で健康状態をチェックできるようになった。

それだけではない。疫学調査により、慢性疾患の予防や管理に関する知見が十分に蓄積され、優れた治療薬も開発されている。それにともない、病気の予防や健康状態のモニタリングの技術も発達し、より正確な診断技術、機能回復・維持のためのリハビリや慢性疾患の管理などの技術も日進月歩だ。

もちろん、今も医療は万能ではないし、治せない病気や病態は多々ある。人はやがて老いて死にゆくものであり、それ自体を乗り越える力は医療にはない。

だが、技術は格段に進歩した。

この150年で、医療は限られた病気になんとか抵抗するためのツールから、より幅広い病気により効果的に対処するだけでなく、より多くの病気を未然に防ぎ健康をサポートするツールへと、その活動領域と実力とを大きく拡張してきたのだ。

だが、一方の医療の使い手——つまり私たち——は、この進化に対応できているだろうか?

残念ながら、医療を活用する側の私たちは、医療をいつまでも病気の治療のためだけのツールだと思い込み、病気というトラブルが起きたときの解決策、つまり、トラブルシューターとして使い続けてしまっているようだ。

こうした「トラブルシューティング型医療」は、当然ながら、健康を維持し、守ることに対して常に後手に回ってしまう。結果として、大部分の人々の健康をケアすることはできず、そのために生じた病気の治療に膨大なお金を費やさざるを得なくなってしまう。

今の医療の実力を知れば知るほど、筆者らには、「トラブルシューティング型医療」によって失われた健康と費やさざるを得なくなってしまったお金とが、「みすみすムダにしてしまったもの」のように思えてならない。

なんともったいないことだろう。進化した医療は、私たちをより健やかにするために縦横無尽に活躍できる日を待ち構えているというのに……。

進化した技術。変わらない仕組みと私たちの振る舞い――。

ここに、私たちがかかえている問題を解く鍵が凝縮されている。

医療というツールは進化したのに、私たちの医療の使い方が進化していないことが問題だったのだ。

道具は優れているのに私たちの使い方が誤っているがために今の状況があるとすれば、私たちがより賢く、医療という優れモノのツールを使いこなしてやればいい。私たちがほしいと望む医療や社会を築けるように医療の仕組みを変え、私たち自身の医療を活用するスキルを磨いていけばよいだけのことだ。

繰り返し述べているとおり、医療の持つ実力を上手に活用できさえすれば、私たちは、今の医療がケアできていない健康も、ムダにしてしまっているお金も、大きく減らすことができるはずだ。そして、その結果として、社会には元気な人が増え、豊かさは増し、生産性は向上するだろう。負担が軽くなる一方で生産性が向上するから、社会の持続可能性も高まっていくはずだ。

しかし――。

医療全体を、健康もお金もムダにする「トラブルシューティング型医療」から脱皮させ、私たちをより健康にしてお金をムダにしない、健康に対して投資的な医療、すなわち「投資的な健康志向」に進化させるためには、言い換えれば、私たちがより賢く、医療という優れモノのツールを使いこなせるようになるためには、いったい何をどうすればよいのだろうか？

それを知るための最初の一歩は、やはり、正しく問題を認識すること、すなわち、今の医療を「トラブルシューティング型医療」に押しとどめ、「投資的な健康志向」から遠ざけて健康とお金とをムダにさせているものの正体を明確にすることだ。

医療業界の基本構造とプレイヤー

ここで、ここからの旅をより実りあるものにするために、旅先の地図と登場人物たち、すなわち、業界の基本構造とプレイヤーについて紹介したい。

図14　医療業界の基本構造とプレイヤー

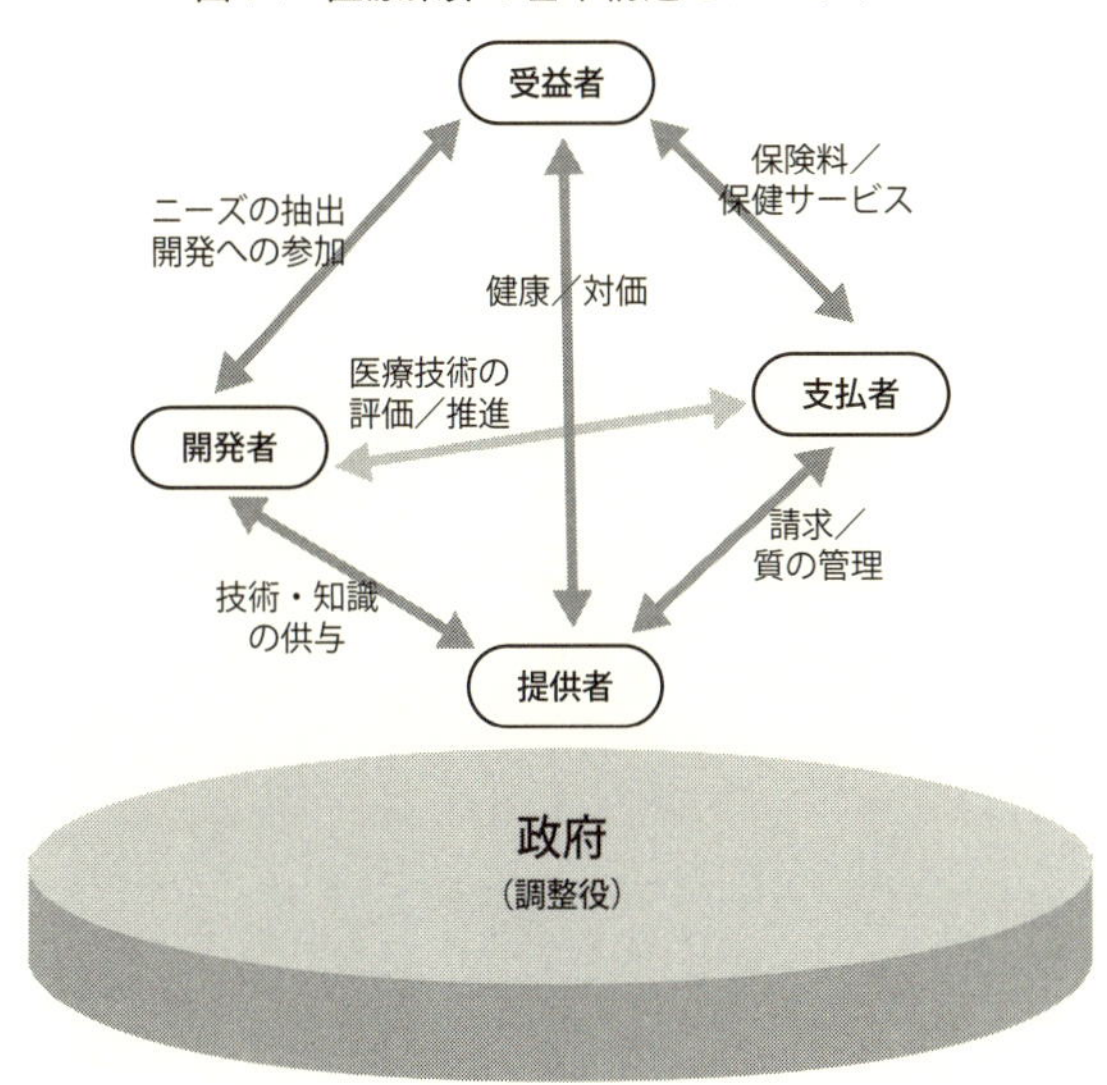

出典：筆者作成

図14に示したのが、医療業界のプレイヤーと基本構造だ。

各プレイヤーの紹介とそれぞれが果たすべき役割をざっとご説明すると、次のようになる。

・**受益者：ケアし、ケアされる「当事者」**

患者や将来の患者。つまり、誰しも例外なく受益者という医療のプレイヤーの一人を構成している。

・**支払者：お金を払う主体。医療や健康に関するサービスの対価を払う主体**

「保険者」とも言う。日本の場合は多くの医療費を健康保険（健保や国保）が支払っている（第2章参照）。

・**提供者：医療というツールを提供する主体**

医師などの医療提供者、その他の専門職を中心とした、医療や健康に関連するサービスの提供主体がこれにあたる。

・**開発者：医療活動や医療を支えるツールを生み出す主体**

医療機器や薬などの研究開発者がこれにあたる。

・政　府：システム全体のルールの設定と調整を行う主体
　政治家や中央省庁、各自治体がこれにあたる。

「支払者」という存在、保険診療という枠組み

医療業界が他の業界に比べて複雑かつわかりにくい印象をいだかせるのは、このうちの「支払者」の存在によるところが大きいだろう。保険の仕組みや実態については第2章でも触れたが、ここから先の話をわかりやすくするために、この「支払者」についてもう少し解説を加えておく。

通常のサービスでは、受益者と支払者は一致する。提供者のサービスを利用した者が、そのサービスの対価を支払う。車を買ったらその対価はあなたが支払うし、1000円のランチを注文したら代金は全額あなたが支払う。そしてその対価、値段は、需要と供給のバランス、つまり市場によって決められるのが基本だ。

たとえばこの本の価格も、だいたいこのくらいの価格であれば売れるだろうという相場

があってこの値段がついているわけで、いくら筆者らが「この本には10万円の価値がある！」と豪語したところで、その価格では市場からはじき出されてしまうだろう。書籍の売買にも、当然ながら市場原理が働いているというわけだ。

一方、医療の場合は、第2章でも書いたように、支払いをするのはあなただけとは限らない。

保険診療と呼ばれる医療の範囲内であれば、あなたが小学生以上70歳未満なら支払うのは自己負担分である3割、すなわち、1000円の治療なら300円（70歳以上なら1～2割の100～200円）を窓口で支払い、残りは「健康保険」から支払われる。この保険診療と呼ばれる医療が、日本の医療（サービスとしても費用としても）のほとんどを占めている。

一方、保険外診療と呼ばれたり、自由診療と呼ばれたりする医療であれば、全額が自費での支払いとなる(民間企業が提供する医療保険に加入している場合はこの限りではない)。

第2章で述べたとおり、保険診療の範囲や価格は、日本全国で統一されている。価格（診療報酬という）はサービスごとに単価が決められており、日本のどこでも同じ価格だ。そして、メニューの範囲や価格は、中央社会保険医療協議会（略して「中医協」）という厚生労働省の審議会が中心的な場となって決定される。

具体的には、中医協には、提供者（医師）、支払者（保険者）、公益、つまり受益者を代表する委員が含まれ、2年に1度、診療報酬の見直し・改定を行って、医療の価格とサービス内容（メニュー）を決めている。

つまり、保険診療サービスの範囲や対価は、市場とは別の機構によって決められるわけだが、この決定プロセスも非常にわかりにくく、客観性や透明性を保った医療サービスや技術の評価がうまくなされていないという批判がある。

ここではその仕組みやプロセス、問題点について詳しくは触れないが、今後私たちが医療の実力を活用していくうえでは、こうした点についても考えていく必要があるだろう。

以上が、医療業界の基本構造とプレイヤー、およびその特徴の簡単な解説だ。

これだけのプレイヤーで、医療業界はできている。世界中のどの国でも共通している構造だ。プレイヤー間のパワーバランスは規制や業界の規模などで決まっているが、国による違いと言えばそのくらいのもので、ふだん医療についてなされている議論は、実はここに示した大きな構造の中の各論にすぎないとも言える。

さて、今はドラッカーの言う「正しい問題認識」を発見するための旅の途中だ。登場人物の紹介はこのくらいにして、「医療をトラブルシューターにしているものの正体」を追求する旅を続けよう。

「トラブルシューティング型医療」を支え続ける仕組みの正体

医療のメニューに、「病気の治療」しか入れない

運命②のあなたは、医療従事者や周囲からのさまざまな力を活用して糖尿病予備群のケアを行い、糖尿病の本格発症を防ぐことができた。医療にはその実力は十分にある。だが、43ページで述べたとおり、今の医療の仕組みでは、医療機関は糖尿病予備群のケアをすることができないか、あるいはケアに意義を見出しにくいのが現状だ。

それはなにも、医療提供者や医療産業に関わる人たちが心ないからとか、出し惜しみをしているから、というわけではない。今の医療が相変わらず「病気を治す」ことに注力している最大の原因は、実は、医療のサービスメニュー、つまり保険診療のカバー範囲と価格の設定方法そのものにあるのだ。

まず問題として挙げられるのは、予防や健康維持を目的とするケアが、健康保険のメニューにほとんどないことだろう。

予防や健康維持を新たにメニューに加えるためには、先に紹介した保険診療の中に予防サービスを加える必要がある。だが、疾患の予防のエビデンスが蓄積されている場合でも、予防や健康維持に関する項目はリストからはじき出されたままで、相変わらず「治療のみを対象とする」という建前をとっている。

これは、日本の健康保険制度の基本となる法律（国民健康保険法、健康保険法など）に保険診療の範囲について、「疾病、負傷、死亡又は出産に関して保険給付」を行う、と書いてあるためだ。また、こうした予防や健康維持を保険に含めてしまうと、際限なく財源が必要になる、という事情もあるだろう。

だから、知らない人も多いかもしれないが、感染症の予防に重要なワクチンの接種も保険診療ではない。自治体の事業として、税金を財源として、医療とは別途行われているものだ。ちなみに、本来的に「疾病」ではないために、出産も保険適用にはなっていない。他の主要国では保険や税でカバーされている場合もあるのだが。

加えて、医療サービスの価格は、「出来高制」で計算されるのが基本だ。医療機関は患者さんに対して、提供した医療サービスの分の料金を請求することができる。

すなわちそれは、治療をするからこそ収入を得ることができ、治療が多ければ多いほど収入が増える仕組みだ。

だからといって、病気の人が増えてほしい、あるいは重症になるまで放置したいと願う医療従事者などいないことは現場を見れば明らかだが、一方で、患者を減らす努力をしたところで、その努力が報われることはない。患者の健康を願う一方、重症患者に医療サービスを提供すればするほど収入は増えていくというねじれが、そこにはあるのだ。

つまり、**突き詰めれば今の医療は、「病人がいないとお金が回らない」仕組みの上に成り立っているということだ。**言い換えれば、**健康な人がいくら増えても報われるプレイヤーがいないということでもある。**治療を数多く行うことへのインセンティブ（誘因）だけで、健康維持や予防に報いるインセンティブがまったくないのだ。

こうした仕組み――病人がいないと回らず、健康な人がいくら増えてもあまり喜べない仕組み――の上に今の医療があるために、いつまでたっても、ほんとうの意味で、本気で健康の維持に取り組むプレイヤーや予防を担うプレイヤーが現れない。仕組みそれ自体が、そうした流れを妨げてしまっているのだ。

医療の質を高めても、ご褒美がもらえない

63ページの図6を思い出してほしい。

残念ながら健康維持や予防の域を超えて糖尿病を発症してしまった人たち。かれらは病人なのだから、今の「トラブルシューティング型医療」でもケアできる人たちだ。なのに、今の医療はかれらを十分にケアできていない。

再三述べているように、1・2兆円を投じてもなお、糖尿病患者の5分の4は、血糖をコントロールすることすらできておらず、結果として合併症の治療に膨大な医療費が投じられている。そして、こうした忌むべきムダは、糖尿病に限らず多くの疾患で生じている。

なぜこのようなことが起きてしまうのだろうか？

その問いに対する答えの一つも、仕組みにある。

がんばって医療の質を高めたプレイヤーがご褒美をもらえる仕組み、言い換えると、医療が生み出した価値や成果が正当に評価されて利益につながるような仕組みになっていないのだ。ここで言う医療の「質」とは、より的確に診断し、適切な治療方法を選び、効率的に実施すること、つまり、結果として、より最短の時間と負担で医療を行うことと考えてもらっていい。

医療の価格はサービスごとに全国一律となっているから、上手な医療機関、そうでない医療機関といった違いはそこには反映されていない。つまり、医療機関にしてみれば、医療の質を上げることで単価も上がるような「ご褒美」の仕組みを持たないことになる。これは、保険診療サービスの範囲や対価が市場とは別の機構で決められるという表現で先に説明したとおりだ。

一方で、こう考える方もいらっしゃるかもしれない。

日本では医療の価格は公定で、質による「単価」の差はないが、患者は自由に医療機関を選べるようになっている。だから、評判のよい医療機関には患者さんが殺到して、その結果「単価」は変わらずとも数が増え、「収入」としてはご褒美になるのではないか——。

だが、残念ながら今の日本では、「質」が「数」に結びつくとは言い難い。
それを理解するには、私たちがふだんしていることを思い起こしてみれば十分だ。

あなたはふだん、自分に最適な医療機関を見つけるために、何をしているだろうか。
第1章のあなたのように、会社の健康診断で病院に行くように促されたなら会社が紹介した病院に行くこともあるかもしれない。そうでなければ、友人や知人にいい病医院はないかと聞いてみるだろう。ネットで口コミサイトをチェックすることもあるだろう。「名医」を紹介する本や雑誌をあたることもできる。あるいは、「有名な大学教授」に診てもらいたいと受診先を変更するかもしれない。

しかし、冷静に考えて、こうした医療機関の選び方で、私たちはほんとうにいい医療サービスを受け、健康を手にすることができるのだろうか？

答えは、運がよければYES、悪ければNO、というところだろう。
たしかに、何もしないで近所の医療機関に駆け込むよりはいくらかマシかもしれないが、結局のところ、これらの情報を頼りに、ほんとうに質のいい医療を選ぶことはできない。

なぜなら、あなたが頼りにしている情報にあるのは、経験の多寡と評判、病院の見た目の麗しさくらいなもので、実際にその病医院、あるいは医師の実力、すなわち、医療の「質」や「アウトカム」（医療の成果）に基づいたものではないからだ。

前述のように、日本の医療の仕組みの中には、患者が自由に医療機関を選び、いつでも好きな時に受診できる「フリーアクセス」と呼ばれる特徴が備わっている。さらに、同じ治療であれば全国一律の価格である。

他の先進国では、なんらかの受診制限をしている国も多いなかで（たとえば、先進国では紹介状が必要だったり、料金を高く設定されたりする国は少なくないし、中国では、住んでいる地域によって医療機関が決められてしまっている）、こうした「フリーアクセス」を、成長期にあった日本が達成したこと自体は、画期的だったと言える。

だが、医療機関で提供されている医療の質がわからなければ、**私たちはいくら「フリーアクセス」とはいえ、ほんとうに行くべき医療機関にたどり着くことはできない。**

同じことを提供者の視点で見れば、より多くの患者さんをよりよく治療するために医療の質を高めたいと思っていても、医療の質が高まったところで患者が来てくれるとは限らない、ということになる。

なにしろ、信頼に足る共通の評価基準がないのだ。これでは、医療の質を高めようとするよりは、本質的ではないが患者にわかりやすい部分（たとえば、建物の新しさ、検査や投薬を熱心に行うこと）に力を入れたほうがいいと考えるのが合理的だろう。

医療技術が進化しても、仕組み上、実際に提供されている医療の質を高めるように促す力が働く構造にならない限り、医療の質はいつまでもバラバラで、質が低いものも放置され続けていくことになる。


ここでは医療機関を例に取り上げたが、同じような行動原理は、医療機器メーカー、製薬企業をはじめとする医療業界の企業にも働いている。

今の仕組みのままでは、業界全体が、医療の質を高めるためではなく、単に評判を高めたり、治療の回数を増やしたりするために、持てる知恵とリソースを投じていくことになるのだ。

医療費のムダをなくすことを促進していない

そしてもう一つ、日本の医療の仕組みにおいて致命的とも言える問題、それは、医療費のムダをなくすことを促進していないことだ。

どんな業界であっても、その業界にいるプレイヤーは自分たちの利益やメリットが最大化するように振る舞うのが基本だ。もちろん、医療の世界も例外ではない。

だから、プレイヤーがムダをなくすよう努めると、その分、自分たちも得する仕組みをつくって、それが機能すれば、医療費のムダは削減できるし、そうした仕組みがうまく機能していなければ、逆に医療費のムダは膨れあがっていくことは容易に想像できる。

つまり、ムダをなくして得をする機能を強化することが得策なのだが、残念ながら日本の医療の仕組みの中では、プレイヤーが医療費のムダをなくすことに強いメリットは感じられないようだ。

でもほんとうは、今の仕組みの中でも、医療費のムダがなくなることで得するプレイヤーはいるのだ。言うまでもなく、それは支払者であり、元をたどれば保険料や税金を支払う私たち自身だ。

支払者は、お金を払う側なのだから、同じ値段なら質が高いサービスが受けられたほうが得だし、同じ質であればより安いサービスを選んだほうが得をするはずのプレイヤーだ。

だから、ほんとうに医療費のムダを減らしたければ、より少ないコストでより質の高い医療が得られるようにかれらを鍛え、力を発揮させるしかない。


しかし、残念ながら私たちがしてきたのは、支払者の機能を活用して何ができるかを考え実行することではなく、「どうやって負担を分かち合うか」ということだった。**負担を分かち合うための仕組みばかりを発達させ、あるいは、その負担の「ワリカン」のしかたの相談ばかりに力を使って、支払者としての機能はまったく強化されてこなかったのだ。**

そして、負担が負担を呼び、忌むべきムダもないまぜになって、今の苦しい医療の状況を生み出してきた。

これまでの医療改革を見ると、なるほど負担の方法を調整することで延命策を講じてきたことがよくわかる。

2年に1度の改定ごとにじりじりと診療報酬の引き下げを試みるのは、増え続ける負担を医療提供側に担ってもらうための施策だ。

自己負担の引き上げを図ることは、負担を利用者に担ってもらうための施策だ。

また、保険料が国民医療費に応じて引き上げられていくというのは、負担を受益者側に回す施策なのだ。

たとえば、2008年4月に改革があった「高齢者医療制度」もその一つだ。この改革では、以前からあった75歳以上の医療費を支えるための仕組み（後期高齢者医療制度）に加え、65歳から74歳の医療費も同じように皆で負担しようという仕組み（前期高齢者向けの財政調整）が導入された。

この制度が導入されることで、第2章で書いたように、保険者ごとの独立採算という性格がさらに薄れ、費用が大きくかさむ高齢者の医療費を国民全体でまかなおうという方向に向かった。これにより、自治体に集中していた高齢者の医療費を、企業が集めた保険料からも支払われるようにして、負担をより公平にしようとしたのである。

念のために述べておくと、筆者らはこうした高齢者医療制度の存在そのものに対して異を唱えているわけではない。

現役を退いた世代の医療費負担は相当なものだということは、第2章で紹介したとおりだ。患者さん本人に現役世代並みに負担せよというのは簡単ではないだろうし、かといって、保険料でまかないきれない費用を自治体（国民健康保険）のみが背負うのにも無理がある。

それに、国民健康保険で立ちゆかない分は別途税金から補填すればいい、というのは、現役世代の労働力を事業活動に利用してきた企業にとって、あまりに虫がよい話だ。だから、高齢者の医療費の負担を、他の保険者にも求めることは、妥当な選択だったと思う。

ただ、惜しむらくはこの仕組みの導入の際にも、本質的な改革がなされなかったということだ。それどころか、これまでの致命的な制度上の欠陥がより助長されてしまった。

というのも、この改革で新しくなった後期高齢者医療制度には、医療費に対して責任を持つポジションそのものがないのだ。

「分かち合い」という名の、責任の所在そのものの不在

後期高齢者医療制度のかかえる問題について、もう少し詳しく説明しよう。

この制度における保険者は、「広域連合」と呼ばれる都道府県単位の共同体だ。この制度を立ち上げる際、後期高齢者の巨額の医療費を支えるには、国民健康保険のように市区町村単位では個々のサイズが小さすぎ、小さな自治体が後期高齢者の医療費負担をまともに受けてしまうために財政が立ちゆかなくなるとの声が市区町村から上がってきた。

それではもう少し広く連係して後期高齢者の医療費を管理しましょう、負担を分かち合いましょう、ということで立ち上がったのが、「広域連合」というわけだ。

ところが、悲しいかな、「負担を分かち合う」という大義名分のもとでできあがったのは、責任の所在そのものが存在しない仕組みだった。

もともと保険者としての責任を持っていたはずの市区町村は、負担を分かち合うためにできた広域連合において、医療費の給付などの事務処理に徹することとなった。結果的に、

医療費に対して責任を持ち、事務処理以上の能力を持ってマネジメントしようとするポジションそのものがなくなってしまったのだ。

当然ながら予算もなければ、上がってきた請求に対してその妥当性を判断することもない。そして、請求が膨れ上がっても、その責任をとるポジションがない。あるのは保険料値上げという、保険加入者の痛みだけだ。

おかげで、今急激に伸び続けている高齢者の医療費を責任を持ってコントロールする主体、さらに言えば、そうすることでメリットが得られる直接的な主体がいなくなってしまった。

いるとすれば、医療制度の運営責任を担う厚生労働省という考えもあるが、それでは何もかも国任せ、他人任せの発想で、地域の主体性を失わせることになる。

これではまるで、ブレーキがない、ひとたび暴走すると誰も止めることのできない暴走列車ではないか。このままでは、列車はますますスピードを上げて、医療費をさらなるスピードで押し上げていくことは、火を見るより明らかだ。

そして、コントロールのきかない仕組みが生み出す負の遺産に対して最終的に責任を負うのは、ほかでもない、私たち自身なのだ。

「治療にフォーカスした医療の増産」が目的だった時代の制度設計

高度経済成長が終わって久しく、失われた20年ともいわれる経済の低迷が続くなか、高齢化が急速に進んだ。その一方で、医療技術は進化を遂げ、その実力もまた急速に高まっている。その今という時代に、私たちは、右肩上がりの時代だからこそかろうじて維持できていた医療の仕組みの基本を変えることなく、ひたすらワリカンのしかたに頭を悩ませながら、ここまで来てしまった。

そして今も、健康をケアされないまま医療費ばかりが増大していく現状に苦しむ一方で、相も変わらず、治療への集中とアウトカムの軽視、そして小手先の施策による制度の延命を、医療に求めさせ続けているのである。

さて、「医療がなぜ健康とお金をムダにするのか」を「仕組み」の側面から探る旅は、いかがだっただろうか。

ここまでの旅で得られた学びを表にまとめてみよう（表3）。

こうしてみると、仕組みがかかえる問題は、意外とシンプルではないか。ならば、仕組みがかかえる問題を解決すれば、これからの医療は万事うまくいき、私たちの健康はケアされ、お金がムダになることもないのだろうか？

もちろん、それもある程度は正しい。だが、この章の冒頭で述べたとおり、仕組みだけに問題を求めるのは十分ではない。その仕組みと表裏一体とも言える、プレイヤーのありよう、つまりは、私たち自身の果たすべき役割設定や振る舞いにも問題があるからだ。

表3 「トラブルシューティング型医療」を支え続ける仕組みの正体

■医療のメニューに「病気の治療」しか入っておらず、健康維持や予防に対するインセンティブに乏しい。つまり、医療業界全体が、病人がいないと成立しない仕組みになっている

■医療の質を高くしても成果が見えにくく、報われる仕組みがない

■医療費のムダをなくすことを促進していない

■「負担を分かち合う」という大義名分のもとに、責任の所在そのものがあいまいになっている

■こうした問題は、「治療にフォーカスした医療の増産」が目的だった制度設計をそのまま引き継いでいるために生じている

「トラブルシューティング型医療」を支え続けるプレイヤーの実態

ここからは、医療に関わる各プレイヤー、1・受益者、2・支払者、3・提供者、4・開発者、5・政府について、つまり私たち自身の何が「トラブルシューティング型医療」を支え続けているのか、つまり、何が医療を「健康志向」から遠ざけるのかについて、順を追って探っていこう。

受益者——医者がいいようにしてくれる、という幻想

トップバッターは、「受益者」だ。受益者とは、患者および患者予備群、あるいは将来の患者を指す。誰しもがいつかは患者かあるいは患者予備群になると思えば、私たちはすべて例外なく、受益者というプレイヤーとして医療に参画していることになる。

さて、医療技術自体は予防や維持の領域で飛躍的な進化を遂げているなかにあっても、

私たち自身が「医療とは、病気やけがを治すためのもの」ととらえ続けている限り、医療の実力を活用しきれないことは、すでに述べたとおりだ。

筆者の一人である山本は、循環器内科医として6年間勤務してきたが、患者さんや患者予備群の方の発言に、たびたび考えさせられることがあった。医療に治せる病気、治せない（治すことが難しい）病気がある一方、本人に治す意思がある場合とない（足りない）場合があり、そうした意識の違いが、患者さんの行動や行く末に、大きな違いを生み出すからだ。

患者さんの多くは、どこかが痛い、明らかに不調だ、などほんとうに困ることが起きてから医者にかかる。そして、「なんとかしてください」と訴える。あるいは、友人や知人などにも、医者というだけで、挨拶代わりに「困ったときにはよろしくな」と言ったりもする。

「なんとかしてください」と言うことも、「困ったときにはよろしく」と言うことも、それ自体はよくある光景だし、言われて決して悪い気はしない。しかし問題なのは、ほんとうに患者さんが「困った」タイミングになってから「なんとかしてください」と言われても、「時すでに遅し」であることが多く、そうなるずっと以前に、どこかの医者がなんらかのタイミングで、「私になんとかさせてください」「困らないように私の言うことを聞いてください」とその人に言っていることが少なくないということだ。

実際に、医者に血圧の薬を飲むように言われて、「薬を飲み始めたら終わりだ」などと言って拒否したり、あるいは、「自分は自分の人生を太く短く楽しむんだ」などと豪語して、健康管理のアドバイスに知らないふりを決め込む患者さんは驚くほど多い。

当然のことではあるのだが、病気になったときに病気をかかえた人生を歩むのは、ほかでもない患者さん本人、そしてその家族だ。医者は患者さんの人生のほんの一部、病気の治療や疾病の管理に関して伴走ができるだけの存在にしかすぎない。

そして、日々の生活の積み重ねにより疾患を重症化させてから、医者に「なんとかしてください」と言ったところで、運がよければ改めてコントロールし直すこともできるかもしれないが、合併症が起きているような状況では、ほとんどの場合、二度と元に戻すことはできない。

困ったときには医者に頼めばいいやと健康を浪費し、ほんとうに困ったことになると、評判や肩書きを頼りに「なんとかしてください」とすがりつく、その繰り返し——。若干厳しい言い方になるが、私たちがしているのはこういうことだ。

ほんとうに病気に足をすくわれたくないのなら、「困ったときにはよろしくな」と言える元気なうちから、「困らないように自分に頼む」ことがまず重要なはずだし、自分自身と家族の健やかな日々を守るために「投資的な健康志向」で自分や周囲の人たちに対して健康維持や疾患の管理を促す意識を持つのが合理的なはずだ。

だが、そうした意識は、今の日本の糖尿病患者の増え方を見ても、あるいは、65ページで紹介した、検診で「要治療」を告げられた糖尿病患者の4割が受診すらしないという事実からしても、十分とは言い難い。

健康という資産を守る責任は、最終的には自分自身にある。そして、「時すでに遅し」という状況に陥らないためには、元気なうちから投資的な健康志向で行動する必要がある。この二つは、すべての受益者が認識すべき重要なポイントだ。

そうはいっても、一個人の力で何ができるのかと思われる方もいるだろう。日々健康のことばかり気にしていたら何をするにも気詰まりで、かえって不健康になってしまうかもしれない。

筆者らも、受益者というプレイヤーのみの力で医療を変えていけるとは思っていない。詳しくは後述するが、今の「トラブルシューティング型医療」を脱して、お金も健康もムダにしない、よりよい医療を実現していくためには、社会全体の取り組みが必要だと考えている。

しかし、だからこそ私たち受益者にはもう一つの重要な役割がある。それは、医療機関をその「実力」で選べる社会を築く重要性と必要性を知り、**他のプレイヤーに対してそうした社会が実現されるようプレッシャーをかけていく**ということだ。

私たちは、「受益者」という医療業界最大のプレイヤーなのだ。

私たち一人ひとりの選択が、医療の未来と社会のありようを大きく左右する。そして、最終的にそれらは、私たち自身の人生にも否応なく跳ね返ってくる。

だから、少なくとも私たちは、自分たちが「受益者」という医療業界の最大のプレイヤーであることを改めて認識し、より少ないお金でより健康でいるという自分たちの利益のために、自ら投資的な健康志向で行動したうえで、他のプレイヤーにも積極的に働きかけていく必要がある。

裏を返せば、今そうした行動を十分にとれていないことが、今の医療の苦しい状況をつくり出した大きな原因の一つなのであり、私たち受益者がかかえている問題なのだ。

そして、私たち受益者がかかえている問題を解決する際に頼もしいパートナーとなってくれるはずのプレイヤー、それが、次に紹介する「支払者」だ。

支払者――金はなくともケンカはしない

ここで言う支払者とは、健康保険の保険者、つまり私たち一人ひとりから保険料を集め、医療機関に支払う主体だ。日本では、第2章で書いたように自治体や企業などが公的保険者となって皆保険を運営し、一部民間の保険会社も医療保険を提供している。

つまり、支払者の最低限の業務は保険料の徴収と医療費請求への支払いなのだが、筆者らの目線からすると、これだけでは、かれらが本来果たすべき役割からは程遠い。

第一、集金してそれを配ることだけがかれらの役割というなら、かれらは医療業界の一プレイヤーであるにもかかわらず、私たちの健康にも医療費のムダをなくすことにも貢献できない、単なる事務処理屋さんということになってしまう。

だが、残念ながら今の支払者のほとんどは、自分たちを事務処理屋さんだと思っているようなのだ。

筆者らも国民健康保険（国保）や、企業の健康保険を運用している健康保険組合（健保）の人たちと接する機会があるが、国保に関しては、「足りなければ自治体や国から補助してもらおう、自分たちは潰れることはないのだ」と高をくっているきらいがある。健保にしても、膨大な支出に苦しみつつも、「自分たちがやるべきことが見えていない」というのが現状のようだ。

加えて、前章で述べたとおり、自治体が保険者となっている国民健康保険では、保険料の納付率が90%に満たない保険者がまだまだいるというのだから、事務処理の実績にさえ疑問符がついてしまっているのが現状だ（保険料が十分に徴収できていないだけでなく、使っている医療費に見合った分だけ保険料を引き上げるのは政治的によろしくない、という理由で、保険料引き上げから逃げ、一般会計の財源（税金）で不足した医療費を補填している自治体も少なくない）。

そうした様子は、公的立場にいるつもりの支払者が、気づかないうちに、高騰する医療費に対して第三者的な、悪く言えば他人事としてみなすような立場に逃げ込んでいるようにも見える。

では、支払者の本来の役割とは、いったい、何なのだろうか？

端的に言えば、それは、**「医療費の管理」**だ。

ここで言う「医療費の管理」とは、第一義的には医療費請求に不正がないかをチェックすることだ。不必要な医療サービスが行われたり、同じ疾病なのに説明のつかないほどに医療サービスに差が生じたりしていないか、つまり、医療費の不正請求が行われていないかをチェックすることが、支払者本来の務めだ。

それだけではない。そうした明らかな不正のほかに、支払ったお金の分、きちんと治療されているのかというチェックもしなくてはならないだろうし、さらには、限りある保険料を有効に活用するために、どうすれば医療費が少なくすむのかということも考えていかなくてはならないはずだ。

特に、後者の視点で考えれば、まずは自分の保険に加入している人たちを病気にさせないのがいちばんだ。そして、病気を患う加入者には、より効率的な医療を提供できる施設に行ってもらうべきだろう。この国では、医療の質にかかわらず同じ治療の価格は同じなのだから。そして、病気を悪化させずに早期に治療を終えてもらって、元気に社会復帰してもらうのがいい。

つまり支払者の最大の役割は、加入者ができるだけ治療が必要ないように長く健康でいられるように尽力し、仮に治療が必要になれば質も効率も高い医療が提供されるよう支援するということだ。それによって、結果的に医療費は低く抑えられ、必要な保険料は減る。

しかし、保険を運営するなかで得られたデータを活用して医療の質が上がるように提供者にプレッシャーをかけようとか、あるいは提供者にさらなる情報の開示を要求して、保険の利用者により質の高い医療を提供しようとか、病気になられてはお金がかかるから予防を含め患者予備群への健康増進サービスを強化しようとか、という比較的シンプルなアクションですら、実践している支払者は驚くほど少ない。

結果的に、医療費は年々増えてきたものの、支払者は、金はなくともケンカせず、送られてきた請求書に対して支払い業務を滞りなく行い、集めるべき保険料を集める、ということだけを行ってきた。

そして、そうこうしている間に日本の支払者は、世界的にもまれに見る、自らの役割を放棄した何もしない支払者になってしまっているのだ。自分の給与の一部を託す相手としてかれらを見直してみると、その使い方には細心の注意を払ってほしいのは筆者だけではないはずだ。

提供者——崖の下で待つ医療

続いて、第三のプレイヤー、提供者について見ていこう。

提供者とは、ここでは病医院などの医療提供者、その他の専門職を中心とした、医療や健康に関連するサービスの提供主体を指す。医療業界のプレイヤーはさまざまとはいえ、本来医療を引っ張るべき主体はこの提供者だ。だからこそ、数あるプレイヤーの中でも、専門職、有資格者として位置づけられてきた。

ところが今、提供者として培われているプロフェッショナリズムが、時代の変化や医療技術の進化に追いついていないように見える。

その一つが、くどいようだが「治療至上主義」に染まっていると言うほかない現状だ。

ひところ言われた、「病を見て人を見ない」医療からようやく患者中心主義なる風潮が出てきた現代医療だが、筆者らはそれでもまったく不十分だと考えている。

なぜなら、提供者はいまだに「重病の治療ができてこそ優秀」という「トラブルシューティング型医療」時代の古い概念から抜け出せていないからだ。

余談になるが、「患者中心」という「お客様」志向の風潮自体にも筆者らは疑問を感じている。受益者のところでも書いたように健康を守る主体は受益者本人だし、それを全力で支援するのが医療従事者だと考えているからだ。その意味では、患者さんを「患者様」と呼んで中心に奉るのはどう考えても実態にそぐわない。提供者は、受益者の健康を守るチームの一員、不可欠なメンバーとして参加するのが適当し、提供者に求められるのはそのための意識改革だろう。

「赤ひげ」の時代はとうに過ぎ去った。医療は進化し、さまざまな疾患を予防したり、慢性疾患をある程度管理することができるようになった。私たちの疾病構造も変化し、今や、戦うというよりつき合うという表現が似合う疾患が増えた。けれども提供者のマインドは、それらの変化にはついて行けていない。

だからこそ、春子の運命①のように、医療機関にかかっているにもかかわらず、骨粗鬆症による骨折をしてしまう高齢者が絶えない。

もし提供者が春子の「高血圧」でなく、春子自身、あるいは春子の健康的な生活自体に目を向けていれば、当然のごとく骨粗鬆症に気をつけなければと思うはずなのに。結局は、提供者自身が医療の及ぶ範囲を限定し、「崖の下で待つ医療」のモデルに凝り固まって患者から健康を遠ざけてしまっているのだ。

今の時代、**病気にさせたら負け**、という価値観が医療提供者には必要だし、私たちは社会全体でそうした価値観を育てなければならない。

だが、この国の医学教育も、保険診療の価格設定も、それとは正反対の方向にある。病気を待つ医者と、重症者の治療を称える文化がそこにある。病気の芽をつぶすことも、重症疾患の発症を恥じる文化も、提供者の中にはまだまだ育っていないのだ。

問題はまだある。先に紹介したとおり、受益者や支払者がよりよい医療にアクセスするために必須と言える、提供者ごとのアウトカム測定がいまだに普及していないことだ。

もちろん、次章で詳述するように、測定方法自体が簡単ではないという事情もあるし、真摯に「アウトカム測定」に取り組んでいる学会や病院が皆無ではないことも筆者らは理解している。ただ、その一方で、「そのようなデータをもとに他者と比較されたくない」という嘆かわしい理由で反対する提供者たちが少なからずいるのだ。

「アウトカム測定」がないことは、医療の選択が難しくなるというだけの問題にとどまらない。それは、医療の存在意義に関わるきわめて重要な問題だ。

これだけの医療費を国としてやりくりしなくてはならない時代だ。「なぜそこまでの負担をしても医療が必要なのか」を説明する必要性が、かつてないほど高まっている。そして、何のために医療が必要なのかを説明する責任は、医療従事者という専門職にこそある。

しかし、そうした意識の醸成がまだまだできていないことは、いくつもの事例からも見てとれる。

たとえば、医師不足や医師の労働環境の悪化が問題になっても、職種間での役割分担、医療機関間での連係がなかなか進まない。それも、患者不在のまま、お家騒動のように専門職間の綱引きに終始し、膠着状態になってしまう――よりよい医療を受益者に届けたいと願っているはずの提供者が、自分たちの利益のために、受益者の利益、つまり私たちの健康を、損なうような結果を招いていると言われてもしかたない。

提供者が、自分たちの存在意義を説明せぬままに、社会全体の利益よりも自分たちの目先の利益を優先して近視眼的な批判や対応を繰り返している限り、この国の医療がよくなることは望めない。

そして、提供者自身も、やがては受益者として、自分たちがとってきた利己的な振る舞いのツケに苦しむことになるだろう。

開発者――「治療」というニーズをひたすら追い続ける

医療技術の将来を引っ張るためにいちばん重要な「研究開発」を担う立役者、それが開発者だ。

今の医療があるのは、絶え間ない技術開発による医療技術の進歩のおかげだ。

抗生物質の発見によって劇的に感染症の治療効果が上がり、カテーテル治療の進歩によって心筋梗塞のような病気の治療率も上がった。ＭＲＩやＰＥＴなどの画像診断技術が病気の早期発見を可能とし、遺伝子に関連する技術の発達によって、より安全かつ効果的な治療を選択できるようになってきた。

これは素晴らしいことだ。だが、ここに挙げた技術は、おもに診断と治療に関わる技術にすぎない。大手とされる企業が熱心に取り組んでいる技術開発の方向性は、いまだに「病気の診断と治療」の技術なのだ。

なぜだろうか？

ここまで読んできた皆さんには、もう察しがつくのではないだろうか。それは、今の医療が、提供側が診断と治療に価値を見出し、支払者もそうした技術に対してお金を支払う仕組みを採用しているからだ。**仕組みが「診断と治療」のみに報いている限り、開発者が治療技術の開発に向かうのはしかたがないし、かれらにとってそれはむしろ合理的なのだ。**

だが、こうした流れも変わりつつある。世界の医療制度のなかで、開発の成果がこれまでのようには受け入れられない流れができつつあるからだ。

その背景にあるのは、世界的な医療費の高騰だ。医療費の高騰は、日本に限らず多くの国々で問題となっており、各国ともに医療技術の値段の決め方を見直し始めている。

たとえば、英国では新たに開発された抗がん剤に対して保険でカバーしないという判断が下されたことがある。「かけたお金と得られる健康のバランス」、つまり費用対効果で考えると高すぎると判断されたためだ。

こうした費用対効果の視点で見直してみると、抗がん剤に限らず最近の医療技術には、「優れているが、そこまでのお金はかけられないのではないか」と考えたくなる技術が実は少なくない。

だが、この費用対効果を基準とした価格設定は、開発者にとってはたいへんな曲者だ。治療効果の高い技術や薬を開発しても、値段を上げたければ値段に見合うだけの効果があることを証明しなければならないし、できないなら泣く泣く値段を下げるしかない。これまでのように、新しければ高い値段をつけて売れた時代と同じような開発のやり方を押し通すことはできなくなる。

今後、開発者が試されていくのは、「治療」というニーズを満たすことのみに縛られずに、「いかに低コストで同程度の効果を上げるか」、または、「いかに同程度のコストでより高い効果を上げるか」といった視点を持てるかどうかだ。

それも治療にこだわる必要はない。研究開発者として、新たな医療の価値観を生み出すような技術イノベーションを起こすことこそが存在意義となっていくべきだろう。

自らが生き残るためにも、開発者は、多少のリスクをとってでも、過去の栄光に安住せず、これからの新たな医療のあり方を自ら率先して模索していく必要がある。

一部の中小企業やベンチャーで、いかに予防医療に人々の関心を向けさせるか、どれだけ糖尿病の管理を簡易にするかといった新たな方向性の技術開発に精を出し始めたところはあるものの（山本も、生活のなかにいかに健康増進を無意識に浸透させるかの研究を続けている一人だ）、開発者の多くは、相変わらず、従来の医療の価値観の延長線上で研究開発を行い、そうすることで自分たちは生き残れると信じきってしまっているように見える。

だが、日本も含め世界中で、今はまだ治療技術並みに重視されているとは言えない、新たな医療の価値を生み出そうとする新たな技術が、医療業界全体の転換のなかで脚光を浴び、従来型の開発者を淘汰していく日が遠からず来るだろうと筆者らは考えている。

そうなれば、医療業界もそのプレイヤーたちもメリットを得るはずだし、何より受益者が得られるものが飛躍的に大きくなるのはこれまでに書いてきたとおりだ。

これまで医療の進化を担ってきた開発者が、捨てきれない過去の栄光にこだわって淘汰されていくのか、まだ見ぬ新たな医療のあり方を示す先駆者としての道を選ぶのか――。

意識の差一つで、開発者自身の将来も、医療の未来も、大きく違ってくるのである。

政府――バケツの中の水の分け方の調整に奔走する

最後に登場するプレイヤーは、政府だ。ここではおもに政治家や中央省庁について論じたい。

その主たる役割は、医療のビジョンを掲げ、それに見合った仕組みとルールを設定すること、そして、その執行上の調整役を担うことだ。とくにプレイヤー間のパワーバランスの調整は政府の役割の最たるものとも言える。

では何が、かれらを「投資的な健康志向」から遠ざけるのだろうか？

まず言える最大の問題は、これからの医療の意義や方向性を定めきれていないということだ。そしてそうであるがゆえに、あらゆる意味で「枠組みが固定化」してしまっていることだ。

たとえば、医療改革についての議論も、すでにある枠組みの中で現状にどう対応するか、という視点で行われることが多い。社会が変化し、医療の技術が飛躍的に進化して、問題それ自体が同じ枠組みでは対応できなくなってもなお、既成の枠組みの延長線上で課題を設定し、その中で思考してしまう。だから、医師不足が指摘されれば医師確保をしよう、財政が逼迫すれば負担を分担しよう、保険者の業務手順を指定して中央管理を強化しようというような課題の裏返しの対応を延々と続けてしまう。

結局のところ私たちは、古びて穴の空いたバケツに修復を重ねながら、漏れて目減りするばかりのバケツの中の水の分け方を、ああでもない、こうでもないと頭を寄せ合い、ときにはテーブルの下で手を握り合って貸し借りの関係をつくったりしながら、必死に議論し続けてきたのではないだろうか。

ほんとうは、この年代物のブリキ製のバケツはザルと言ってもいいほどに劣化しきっていて、修復したところで水は漏れ続け、私たちは一向に健康になれず、お金も浪費され続けるというのに。もっと優れた素材も入手可能だし、もっと優れたデザインが実現可能だというのに。

右肩上がりの時代が終わって久しいというのに、私たちは、漏れ続けるバケツの中の水の分け方を必死に調整するばかりで、いまだにバケツ自体の是非を正面から問い、今とこれからの社会に合うバケツを築くことができずにいるのだ。

ここで、「なぜ」をもう一歩進めてみよう。

なぜ政府は、すでにある枠組みから抜け出せずにここまで来てしまったのだろうか。

政府が既成の枠組みにとらわれがちな理由は、大きく二つある。

一つは、求められる仕事の中身だ。

官僚を例に挙げれば、かれらに最も求められるのは手堅さやバランス感覚だ。関係する業界と政治家のことをおもんぱかり、そうしたステークホルダーたちが衝突することなく手堅く物事を進められる段取りをつけることが第一に求められる。そうした人材が組織内でも組織の外からもよい官僚として評価されるという文化が長年培われてきたし、逆に、思いやアイディアに任せて行動すると、思わぬしっぺ返しを組織の内外から受けることも珍しくない結果、実務を手堅く、手落ちなく進めていくことがよしとされることになる。

もちろん、こうした手腕はとても重要なものだ。しかし、そうした文化が強くなると、枠組みを外れた不連続の発想は起こりにくいし、起きたとしても実施しにくい。

もちろん、高度経済成長の恩恵があった時代には、枠組みのなかで利益や痛みといったパイの配分に腐心していればなんとかなった。しかし、利益や痛みの配分に腐心する過程でステークホルダーとのいわば貸し借りの関係が醸成されてきたために、今になって思い切ったことをしようにも、ムラの社会構造の中からおいそれと抜け出すことはできない。

そうしたなかで、なんとかもがきながら少しでも問題を解決しようと、狭い道（ナローパス）をくぐりぬけようとしているのが、政府の現状なのである。このままでは、志や能力を持って公共の世界に入ってきた多くの有為な人材を、それこそムダにしてしまう。

二つめは、政治が力を発揮できていないということだ。

政府が力を発揮するには、当然政治家の役割が大きい。一方で政治家は当選することを優先しなければならないので、たとえば有権者の多くを占める高齢者の反対を受けるよう

表4　「トラブルシューティング型医療」を支え続けるプレイヤーの実態

受益者	最後は医者がなんとかしてくれると思いがちで、健康という自らの資産を守る姿勢と医療業界の最大のプレイヤーであるという自覚に乏しい
支払者	「医療費の管理」という本来の役割を忘れ、医療費が効果的に使われるためのしかるべきアクションをとっていない
提供者	「重病の治療ができてこそ優秀」という意識と「崖の下で待つ医療」のモデルに凝り固まり、結果的に患者を健康から遠ざけている
開発者	提供者が求める「治療」というニーズを追い続け、時代に合った医療を開発していない
政　府	既存の枠組みを外れた不連続の発想を歓迎せず、自分たちにとって「好都合」なやり方に安住している

な高齢者の「負担増」を前面に掲げた改革はしづらい、とよく指摘される。

それもそのとおりなのだが、実はそれよりもっとずっと基本的なところで、政治家が政治としての役割を果たしきれていない面がある。もちろんすべてとは言わないが、今政治の世界で見られる光景は、ざっと述べるとこんな感じだ。

たとえば政治家の集まり（政党内の部会など）に官僚が呼ばれ、政策立案上の論点を説明し、質疑応答を行ったうえで法案などを政治家に預ける形で提出する。つまり、官僚が描いたシナリオが政治家に伝わり、そのシナリオが政治の場で使われるのである。

それは、政策のプロとしての官僚にとっても、多忙な毎日の中で広大な領域に気を遣わなければならない政治家にとっても、好都合な仕組みではある。だが、そうしたやり方を続けていては、誰もイニシアチブをとらずに、波風を立てずに制度を運営していく体質が、そのまま国の振る舞いとなって現れることになる。

これでは、思い切った改革から遠ざかるのは必定。その結果が、バケツの中の水の分け方を調整し続けてきた数十年につながっているのではないだろうか。

もちろん、何でもリセットすることが正解ではないだろう。「抜本的な」改革というキャッチフレーズは日本人の大好きな、政治的にもウケる手法で、それに安易に飛びつくのは危険な面もある。それでも、ＮＨＳ（National Health Service）改革のブレア首相（英・当時）しかり、米国に皆保険を導入しようと奮闘したオバマ大統領（当時）しかり、政治家は既成の枠組みを取っ払い、利害を超えてリーダーシップを発揮する重要なプレイヤーの一つだ。

そうした関心や知識を蓄えた政治家が現れてほしいし、そうした政治家をしっかりサポートできる官僚が育ってほしい。それが筆者らの願いだ。

「政府のせいだ」「医師会が悪い」「メディアが悪い」「財源がない」だのと言って他人のせいにするカルチャーには、そろそろ終止符を打とうではないか。新しい医療を築くためには、政府が果たすべきもっと望ましい、そして大きな役割が、確実にあるのだから。

※1 Peter F. Drucker *'Management Revised Edition'*, 1985
※2 Margaret L. Gourlay et al. *"Bone-Density Testing Interval and Transition to Osteoporosis in Older*

Women” N Engl J Med 2012;366:225-233.

第4章

医療の実力を発揮させるための二つの基本

本書をここまでお読みいただいて、ひと口に「医療問題」と言っても、仕組みそのものが持っている問題もあれば、私たち一人ひとりを含めた各プレイヤーがかかえている問題もあり、それぞれの本質的な問題の一つひとつがお互いに影響し合うことによって、数多の問題が表面化していることがご理解いただけたと思う。

これから私たちは、医療をかつての「トラブルシューティング型医療」から脱皮させ、健康や成長を生み出す攻めの医療（本書ではこれを「投資型医療」と呼ぶ）へと進化させなければならない。

そのためには、進化を妨げている問題を一つひとつクリアしていかなければならないが、いったい全体、この巨大な混沌と化した今の医療に立ち向かい、自分たちが欲しいと望む医療を築いていくことはできるのだろうか？

安心してほしい。答えは、間違いなくＹＥＳだ。

なぜなら、ここまで見てきたとおり、医療にその実力を発揮させていないのは、私たち社会の側、つまり人のつくった制度や認識であって、医療の技術には、より質の高い治療によって、私たちをもっと健康にしていくだけの潜在力が備わってきているからだ。

必要なことは、医療にもっと実力を発揮させるための手法や進め方を、今一度、時間をかけて検討することだ。

この章では、そうした検討をするうえで必要なツールや概念について説明したい。

一つめは、これからの医療をよりよいものにしていくうえで押さえておくべき「医療が持つ三つの宿命的な難しさ」、そしてもう一つは、医療に実力を発揮させ、より効果的により質の高い医療を築いていくために重要なツール、「マネジメント」だ。

これらのたった二つの基本を学ぶことで、読者の皆さんにも、どうすれば医療を上手にやりくりできるかがおわかりいただけるだろう。

さあ、さっそく本題に入ろう。

基本1　医療の三つの宿命的難しさを知る

これから私たちが、限られたリソースの中で自分たちがほんとうに望んでいる医療を築いていくにあたり、踏まえておくべき第一は、医療には医療なりに独自の難しさがあり、それを知ったうえで取り組む必要がある、ということだ。

もちろん、医療独自の難しさは、挙げ始めるといくつもあって、それだけで一冊の本になってしまうだろうが、ここでは書き出す目的を絞ることで簡単に説明したい。

ここで挙げるのは、医療の実力を発揮させるために重要な鍵となる、「医療における情報の非対称性」「医療の不確実性」「医療アウトカム測定の難しさ」の三つだ。以下、順を追って解説したい。

「情報の非対称性」という医療の宿命

「情報の非対称性」とは、サービスなどの売り手と買い手が持っている情報に、乖離があるということだ。

一般の商品やサービス、たとえば車やパソコンであれば、その性能を事前に調べ、自分が求める機能を持っているか、乗り心地や使い勝手はどうかなどを確かめることができる。そのうえで、買い手は自分の判断で、自分に合った商品やサービスを選び、購入することができるわけだ。そのおかげで市場原理が機能し、競争も働くことになる。

しかし、売り手と買い手の持つ情報に乖離が大きい場合、つまり、「非対称性」が存在する場合にはそうしたことが起こりにくい。

医療の世界では、この「情報の非対称性」が存在する。だからこそ、医療従事者は有資格者であり、専門職でなくてはならないとも言える。

実際、患者やその家族は医療の医師決定に参加するとはいうものの、基本的に、自分たちだけの力では、自分にふさわしい治療法を決定することはできないし、そもそもその必要性も判断できないことがほとんどだ。だから、最終的には医療従事者が、患者の同意を得たうえでサービス内容を決めることになる。

そういう性質を考えれば、医療従事者はサービスの買い手（患者）の利益を最優先して診療にあたることが求められなくてはならない。医療提供者がプロフェッショナルとして、「ヒポクラテスの誓い」[※1]や「ジュネーブ宣言」[※2]などの倫理規範に従った業務を遂行することが求められるゆえんだ。

しかし、情報の非対称性が生み出す難しさは、医療提供者が、自分の利益と患者の利益の両方に対して決定権を持ってしまうということよりも、むしろ別のところにある。
それは、受益者があたかもタクシーにでも乗るように医療サービスを受ける「お任せ体質」に陥ってしまうことだ。そして医療提供者も、この「お任せ体質」を助長するように、診療上の判断に患者を寄せつけない、十分にコミュニケーションをとらない、という独善的な姿勢に陥りやすいことだ。

患者と医療提供者がつくってしまった「お任せ体質」、つまり、一種の健全な消費者意識の欠如は、患者と医療提供者双方にデメリットをもたらしている。

お任せ体質の裏には、もちろん互いの信頼関係もあるだろう。しかし、これが揺らいだり、一方が「過信」した場合には、悲劇が起こりうる。たとえば、期待どおりの回復に至らない場合や予測困難な状態の変化が起きた場合に、患者が医療過誤を訴えたり、それを過度に恐れて、医師が難しい症例の患者を忌避したり、必要な治療に躊躇したり、といったことだ。

本来、医療に対して持つべき消費者意識は、受益者が主体性を持って、提供者や政府、あるいは支払者に「医療ができること」がきちんとなされるように求めていくことだ。

同時に、提供者がそれを促し、協力していくこと、つまり情報を開示し、コミュニケーションを深めていくことが必要となる。

これは、無用に医療を疑うことでもなければ、医療に完璧を求めることとも違う。受益者が、自分が受ける医療というものに対し、その必要性や期待される効果について一定の理解を持ったうえで、提供者と協力しながら選択するというプロセスが必要だということだ。同時に、提供者もそうしたプロセスを実現させることが自身の役割や意義だという自覚を持たなくてはならない。

これが欠如すると、患者は医療を「施してもらう側」の受け身一辺倒になり、提供者は医療を「与えている」という、上から目線の意識を持ってしまうおそれがある。

情報社会になったとはいえ、まだまだ医療の世界にはこの「情報の非対称性」が大きく存在する。医療技術の進歩が、その乖離をさらに大きくしてしまうこともある。この医療の特質が、さまざまな問題の本質的な要因になっているのだ。

「不確実性」という医療の宿命

医療でいう「不確実性」とは、同じサービスを選択しても、つまり、**同じ治療を受けても、実際に得られる結果が同じにはならない**ことを意味する。

あなたが買ったのが車であれば、あなたの車の燃費はほかの誰かの同じ車の燃費と変わらないし、パソコンの処理速度も、性能表に記載された数値どおりのスピードのはずだ。

一方、医療の場合、本書でもこれまで「確立した治療法」などという表現を何度かしてきたが、効果が確立しているといっても、その治療法があなたに奏功して、あなたがかかえている病状が確実に治まるとは限らない。

たとえ症状がまったく同じに見えたとしても、誰かには効果てきめんだった治療法が、あなたにとってはまったく効果がない可能性すらある。ひどい場合には、副作用が出て被害をこうむる可能性もゼロではない。さらには、同じ人に使っても、時と場合によって違う効果が出ることすらある。

こうした不確実性は、すべての医療に当てはまると言っても過言ではない。医療従事者もそれをわかったうえで診療をしている。

ただ、これも前述の情報の非対称性の一つと言えるが、患者や家族に、その患者における不確実性についてきちんと伝わっていないことが多い。人のからだを治療することとマイカーやパソコンを買うことでは、当然ながらまったく次元の違う話ではあるが、不確実性という点においても、一般のサービスや商品と医療の間には、明らかなギャップがあるのだ。

意外なところにある医療の不確実性について紹介しよう。

それは、医療では、「新しいものはよいものだ」という価値観には簡単に飛びつけないということだ。なぜなら、新しいということは、それだけ使用経験がないということを意味するからだ。どれだけ実験結果が優れていたとしても、それが現実の医療でどのような効果を持つのか、目の前の患者さんにどのような影響をもたらすのか、簡単には判断できない。

だから、新商品、新サービスが優れているという価値観は、他の業界には適用できても、医療の世界では必ずしも正しくない。

こうした不確実性のなかで最も恐れるべきは、身体に意図せず悪影響が出てしまうこと、つまり安全性が損なわれることだ。だからこそ、新たな技術の導入においても、導入後においても、技術の効果はもとより安全性についても監視し続けることが重要だし、そうした仕組みを多くの国の医療で導入している（それとて、完璧とはいえないのだが）。

医療は、そうした不確実性を常にかかえながら行われているのだ。だから、医療の現場ではこういう言葉がある。

「最後に診る医者が名医になる」。

つまり、効果が不確実ななかでいくら医者が誠意を尽くしても、薬が効かないうちは「やぶ医者」のレッテルを貼られてしまう。効かないどころか副作用が出た場合はなおさらだ。そして、いくつかの治療が効かなかったとわかって選択肢が狭まってから登場した医者のほうが、治療が当たる確率は高くなるし、当たればそれまで苦労してきた患者からは名医と呼ばれる、ということだ。

こうした不確実性がゆえに、医療現場では、起こりうる悲劇の可能性を下げようと、少しでも不確実性を埋めるために多くの検査などを行ってしまう場合や、不確実性を恐れて結果的に行うべきだったとされる治療をしない場合もある。

そしてまた、不確実性がゆえに（きちんとそうした事情を説明していないこともあって）、患者が医療や医者に不信感をいだいたり、次々と過剰に新薬を求めたりするといったことが起きてしまうのだ。

「アウトカム測定の難しさ」という医療の宿命

もう一つ、医療で難しいのは、医療の効果検証だ。第3章でも触れた「アウトカム」という言葉について説明しておこう。

「アウトカム」とは、「医療の成果」であり、治療のプロセス（手順）と違い、治療の結果を指す。たとえば、回復率はどうだったか、合併症の発症率はどうだったか、術後ないしは治療後の患者のＱＯＬはどうだったかなどがその例だ。

「アウトカム測定」とは文字どおり、そうした成果を測定することだ。

医療の質が高い、といった場合に、それがアウトカムを指すのか、プロセスを指すのかで大きな違いがある。

「手順どおりやりました」という医者の言葉に安心を覚えるだろうか？「いろいろやって、なんとかしました」という言葉のほうが患者から見ると頼もしいはずだ。

前者はプロセスで話す医者であり、後者がアウトカムで話す医者だと思えばよい。筆者は一貫して、**医療の質はアウトカムで測るべき**だと主張している。

ただ医療の場合、これがほんとうに難しい。

たとえば食器洗浄機であれば、家事の時間が何分短縮されたとか、または使う水の量がどのくらい減ったとか、汚れの落ち具合などを比較的単純に定量化することができる。だが、医療の場合、何を基準に回復率を決めるか、合併症の発症率は何と何を見るのか、QOLを何で判断するか、どのくらいの期間にわたって評価するかなど、指標を決めるだけでも、選択肢は無数にある。

その中からより適正かつ現実的に測定に耐える指標を選び出し、さらに、実際に評価していくためには、分析に耐えるだけの十分な量のデータを集める必要もある。

さらに、アウトカム測定にはリスク調整の難しさが伴う。

リスク調整とは、個々の患者の特性を考慮するということだ。先ほど不確実性の説明でも触れたが、一見して同じような症状の患者に対して同様の治療をして、その治療が寸分違わないものだったとしても、その結果は異なりうる。

患者の持っているもの、たとえば免疫力や体力、栄養状態、既往症、薬に対する耐性、精神力――とにかくあらゆるものが千差万別で、それぞれが治療の結果を大きく左右するため、その治療自体の質を評価するためには、必ずそうしたリスクを調整しなければならないのだが、これがまた、一筋縄ではいかない。

その結果、効果的、効率的な医療を選択することがとても難しくなっている。

「測定できないものは管理できない、管理できないものは改善できない」という言葉があるように、医療のアウトカムを改善していくには、まずその測定をしなくてはならない。

それがままならない限りは、現場がどんなに努力しても、患者がどれだけ最高の医療を探しても、ほんとうの意味で最適な医療にたどり着くことは難しい。そして、その大きな障害となっているのが、このアウトカム測定の難しさなのだ。

アウトカム測定は、いまだに研究対象となっているし、その解決に向けて、さまざまな取り組みはなされている。でも、その成果を待っている時間はない。こうした難しさを持ったまま、私たちは、医療改革に向けて何をすべきかを考えていかなければならないのだ。

基本2　マネジメントをツールとして賢く使いこなす

医療の実力を発揮させるためには、これまで説明してきたような歪んだ仕組みを正したり、各プレイヤーがかかえている課題を克服したり、医療が持つ宿命的難しさを乗り越えたりしていかなくてはならない。そのためには、どのような手順で進めなくてはならないか？　それをマネジメントというツールを使って行うのが、医療にその実力を発揮させるために押さえておくべき基本の二つ目だ。

マネジメントは、経営管理などと訳されることが多いが、要はやりくりの要諦のことである。さっそく複雑怪奇な医療を上手にやりくりするうえで必要なマネジメントに対する基本的な理解を深めていこう。

マネジメントの欠如が今の医療を生んだ

医療の目的を改めて設定し、その実現のために目標に向かって上手にやりくりしていくという視点を持ち続けないことには、ほんとうに医療の実力を発揮させることはできない。目的が明確でなければ、解決すべき問題を特定することすらできないし、解決の方向性を見出すこともできないからだ。

また、明確な目的を設定し、それを社会全体で共有しないことには、この複雑な医療の本質を変えることも、その過程で出てくるであろう軋轢を超えることもできないだろう。

長年にわたり医療改革の必要性が叫ばれ続けるなか、多くの先人たちが、労をいとわぬ努力でさまざまな試行錯誤を行ってきた。にもかかわらず、今、私たちが医療の実力を十分発揮させることができずにいる原因は、まさにここにある。

すなわち、かれらは、そして私たちは、これまで医療の目的設定を見直すことなく、そこから見える明確な目標やゴールを掲げることなく医療改革を語ってきたのではないか？

そして、表層的な問題に振り回されたり、既成の枠にとらわれたり、あるいは現状を維持すること自体が目的であるかのような思考のまま、ゼロサム的なパイの奪い合いや、システム破綻を回避するための延命策に、躍起になってしまっていたのではないだろうか？

そして、そのために多くの本質的な問題を放置してきてしまったのではないか？

この状況を打開するために必要なことは、「マネジメント」というツールを、改めて医療の世界にしっかりとビルトインさせることだ。

残念ながら、今の医療には、あらゆる階層においてマネジメントが不足している。医療改革もその一例だが、別の次元で言えば、保険者のマネジメント不足が医療費高騰の一因であるとも言えるし、病院経営に関する諸問題は提供側のマネジメント不足の問題だとも言える。

今でこそ、マネジメントが医療にとっても非常に重要であることを認識し、導入しようと考える人たちは増えてきたが、それでもいまだに、「医療にマネジメントを導入することで、医療が患者不在のまま効率性を追求するようになる」などと懸念を示す人たちはプレイヤーを問わず多い。

もしあなたにもそうした懸念が多少なりともあるとしたなら、ぜひ、想像してみてほしい。

――医療の効率を追求することと、患者の切り捨ては裏表なのだろうか？

先に、やりくりの要諦と述べたが、**マネジメントとは、限られたリソースでいかに持続**

的に組織を運営し、価値を提供し続けるかという「上手なやりくり」のことだ。

だから、医療がマネジメント力を十分に鍛えることによって起こるのは、患者の切り捨てではなく、効果的な治療により速やかに回復する人の増加であり、資源を多く消費する重症疾患の減少だ。そして、病気を持って患者となる人々の数そのものの減少であり、健康な人たちの増加であり、医療提供者の労働環境の改善であり、財政の負担減なのだ。

これこそが医療資源の有効活用であり、医療の恩恵の最大化だ。

ここまで説明してきた業界構造、プレイヤーの問題点、医療がかかえる難しさ、そうしたものをかかえ込みながら、現状の医療をあるべき医療へと転換し、維持していくためのやりくり、そのための武器としてマネジメントを使うのだ。


本書で取り上げるマネジメントのポイントは基本的なことばかりで、もしかしたら読者の皆さんには釈迦に説法かもしれない。だが、これからの医療を考えるうえで、マネジメントは、医療という巨大な混沌に立ち向かうための強力な武器となるべきものであり、その重要性は計り知れない。

ここでは、マネジメントの概念を通じて私たちがかかえている問題を改めて整理しながら、マネジメントの基本的な考え方について共有していこう。

まずは、手段の目的化から脱してスタートラインに立つ

マネジメントのスタートライン、目的設定について解説する前にしなければならないことがある。

それは、私たち自身のマインドセットを、「いかに現行制度を維持するか」ではなく、「いかに自分たちが実現したい医療の姿に近づけるか」（あるいは、「ゼロベース思考から始めよう」と言い換えてもいいかもしれない）に変えることだ。

よく、医療制度の「持続可能性」という言葉が掲げられる。それは本質的に大事なことに違いないが、ゆめゆめそれを目的としてしまって、「現行制度の維持」「破綻の回避」といったプラスマイナスゼロの発想にとどまらないようにしたい。

第3章でも述べたように、私たちはこれまで、既成の枠にとらわれ、その中でパイの奪い合いを繰り返してきた。そして、既成の枠にとらわれるあまり、いつの間にか「現行制度の維持」それ自体が目的であるかのように思い込み、現行制度という、本来手段である

ものを目的化させてしまった。

日本は、戦後十数年の間に今の医療制度の基盤を築き、それを拡充させる形で公平性と安定性の高い、世界に誇る仕組みを確立してきた。くどいようだが、それ自体はほんとうに素晴らしいことだ。しかし今、投入できるリソースが大きく制限され、社会のニーズが変化し、技術が大きく進歩したにもかかわらず、今同じ仕組みを使い続けることがほんとうにできるのか、また、なすべきなのか――これは、私たちが真っ先に正面から向き合うべき課題だ。

その前提として、目線を高くして、「自分たちの実現したい医療とは何か」について正々堂々と考え、議論しよう。それがあってはじめて、私たちは医療をマネジメントするためのスタートラインに立つことができるのだ。

明確な目的を打ち立て、共有する

医療業界全体の問題として、まず挙げられる最も大きな問題は、先ほど述べたとおり、「明確な目的（ゴール）が存在していない」、ないしは、「明確な目的を共有できていない」ということだろう。

たとえば医師の過剰労働や経営が問題になったときには、医師不足を問題として「医師数増」「診療報酬増」をゴールとして主張する者が出てくる。あるいは、医療費を抑えることが問題になったときには、費用の抑制をゴールだとする者あり、費用（という名の収入）の維持をゴールにする者あり、というふうにゴールが変わってしまうことになる。だが本来、医療業界全体として目指さなければならないゴールは、たとえば「とにかく医師の数が多い医療」では、断じてないはずだ。

もしプレイヤーたちが、全体のゴールを実現するためにどのようにやりくりするのが理にかなっているのかを探り、具体的なアプローチを検討することができたら、議論を交わすべきは、医師自体の数うんぬんよりも、医療従事者間の役割分担であり、医師の配置の問題であり、過剰な受診を避け適正な受診を促すにはどうすればよいかを検討することであり、また、それらを促すためにどのような仕組みが必要かを検討することであろう。

ところが現実には、業界全体が一つのゴールを目指しておらず、各プレイヤーが打ち立てたゴールに振り回されてしまっている。そして、常に問題が山積し、解決の糸口すら見えない混沌と化しているのである。

明確なゴールを打ち立て、すべてのプレイヤーが同じゴールを共有する。

それは、医療全体が、私たち自身がほしいと望む医療を築いていくための第一歩であり、必須条件なのである。

目的とスローガンの間の深い溝

明確な目的を打ち立て、チーム全体で共有した後、気をつけなければならないのは、それを単なるスローガンとしてではなく、目的として機能させる、つまり、**目的で示した方向性を仕組みの細部にわたるまでしっかりと組み込んで、染みわたらせる**ことだ。

それでは、目的を仕組みに反映させる、つまり、医療業界全体がよりゴールに到達しやすくなるような仕組みをデザインするためには、いったいどのようにすればよいのだろうか。仕組みをデザインするうえで基本となるのが、何に対して報いるかという、プレイヤーの評価のルールを明確にすることだ。プレイヤーごとの目標設定と言ってもいい。

医療業界全体がゴールに到達しやすくするためには、ゴールに貢献できたプレイヤーに報いる必要がある。だから、ここでの考え方は至極シンプル。

いかに全体のゴールに貢献できたか。その実績のみが、プレイヤーを評価し、ご褒美の量を左右する。――これを、徹頭徹尾、一貫して貫く。それだけだ。

ここでのブレは禁物だ。医療の現状を見ればよくわかるとおり、評価の仕方を誤った瞬間に、プレイヤーは力を発揮すべき方向性を誤る。すると、全体の方向性を失って崩壊し、各プレイヤーが勝手に打ち立てたゴールが乱立することになる。

すべてのプレイヤーの努力がパイの拡大ではなくパイの奪い合い――つまり、自らの利益を確保することに向けられることになり、医療全体が発揮できる力は向上しない。

そして、業界は疲弊し、私たちは一向に健康にならず、社会の負担がどんどん膨らんでいく、という泥沼の悪循環にはまっていくことになるわけだ。

すでに述べたとおり、医療の場合、情報の非対称性や不確実性、そして、アウトカム測定の難しさが伴うために、それぞれのプレイヤーの評価を純粋に「いかにチームのゴールに貢献したか」だけで判断するのは難しいケースも多い。

その場合、いかに手順に従ったか、というプロセスによる評価の部分もある程度は必要になるかもしれない。

しかし重視すべきは、あくまでも、「いかに全体のゴールに貢献したか」である。今後医療をよりよいものとしていくうえで、ゴールに貢献すればするほどご褒美がもらえる仕組みを細部にわたりデザインしていくことが必須なのだ。

その意味で、こうした評価のルールは、一度つくってしまえばすむというものではなく、常に、現状のなかで最大限、その精度と適正とを高めていく必要があることも忘れてはならない。

「チーム・ヘルスケア」が最強になる、機能的な役割分担と連係を目指す

「正しい組織の構造は不可欠の土台である」とドラッカーも述べているとおり[※3]、各プレイヤーがどのような役割を担い、どのように連係するかは、医療にその実力を発揮させるための足場となる重要なポイントだ。

マネジメントの原理原則に従った医療の仕組みの中では、すべてのプレイヤーが「いかに全体のゴールに貢献したか」という実績で評価されなくてはならないことは、前述のとおりだ。だから、各プレイヤーは、そうした評価が高まるように役割を見出し、創意工夫をする。その試行錯誤のなかで、自分の力を発揮しながら他のプレイヤーの力も引き出すようなwin-winの連係を築いていく。

このwin-winの連係ができればできるほど、全体の力は加速度的に高まっていく。ゴールの実現が大きく前進するのだ。

たとえば、今の医療制度を前提としても、ちょっと発想を変えるだけでこんな連係ができる。

次章で詳述する米ピツニーボウズ社がその最たる例の一つだが、支払者が、健診のデータを活用し分析したうえで、従業員の健康づくりのプロジェクトを組んで、従業員や医療機関と連係するのだ。

従業員の健康を守るにはどのような手立てがあるだろうか。職場の環境を整えたり、健康を維持増進する活動にちょっとしたインセンティブを持たせたり、社員食堂のメニューを健康的なものにするなど、従業員の健康維持増進のために働きかけることができる。

一方、医療機関に対しては、従業員の健康維持や重症化予防という目標を提示して、その達成に尽力してもらうように働きかけることができる。あるいは、そうした目標達成に応じた支払い方法を導入することもできるだろう。

従業員が健康になれば、企業は従業員の体調不良のために生じる損失を大きく減らすことができる。自分の健康をケアしてくれる企業に対しては、従業員のロイヤリティーも高まるだろう。一方で、従業員も、より健康的な心身を手にし、仕事にもプライベートにも充実した時間を送れるようになる。まさにwin-winの関係だ。


しかし、残念ながら今のプレイヤーに多いのは、自分たちの利益のために他のプレイヤーに負担を強いたり、あるいは自分の役割を過小評価してなすべきことをしなかったりという、実にちぐはぐな、もったいない振る舞いだ。そこには、他のプレイヤーに対する過関与と無関与が入り乱れていて、全体のゴールに向けての生産的かつ機能的な役割分担と連係に乏しい。

たとえば、先ほども少し触れたが、医療行為を医師以外の他業種にも担ってもらおうとする議論の場でこうした現象が起きる。

あるいは、支払者が、支払事務を行う機能を果たすのに手いっぱいで、提供者が妥当な治療を行ったかどうかほとんどチェックしないでいることはなども挙げられる。

今後、私たちが、自分たちが実現したいと望む医療を実現しようとするなら、まずすべきは、己の役割を知り、自分たちの役割をまっとうするプレーを心がけることだ。

そこで、あなたというプレイヤーは、常にチームの勝利、ゴールを意識し、自らの力を尽くすと同時に、他のプレイヤーの力をうまく引き出す連係を築いていくことになるだろう。

なぜなら、自らの役割を十分に認識したうえで、質の高い連係を密度高く張り巡らせることは、医療にその実力を十分に発揮させるために重要な足場となるのと同時に、あなたというプレイヤーの実績を決定づけ、あなたが得られるご褒美の量を大きく左右するものになるからだ。

プレイヤー同士の切磋琢磨が、チーム力を劇的に引き上げる

マネジメントを活用した新たな医療において、プレイヤー同士の切磋琢磨もまた不可欠な要素だ。ここでいう「**切磋琢磨**」とは、プレイヤー間、あるいは各プレイヤー内において、プレイヤー同士が、互いに自分たちの力をより高めようとする競い合い、つまり生産的な「競争」を意味する。

もしかしたら、競争は医療やケアと馴染まないとお感じの方もいらっしゃるかもしれない。たしかに、競争と言うとライバルを蹴落としパイを奪い合う、いわゆるゼロサム競争のイメージがあるが、ここではそのようなゼロサム（破滅的）な競争を意味するのではない。全体の力を向上させるための競争、つまり、**ポジティブサム（生産的）競争**を起こすことを意味している。

拙訳（山本）『医療戦略の本質』の中で、マイケル・ポーター氏も「医療を真に改革する唯一の方法は、競争の本質そのものを改革すること」だと指摘しているとおり、**医療費を抑制しながらその質を高めていくためには、実績を評価する健全な競争環境下での切磋**

琢磨による医療の価値の追求は必要不可欠だ（「医療の価値」については次章で詳述する）。
そうした健全な競争環境、つまり、実績による評価と適度な市場のプレッシャー、健全な淘汰なくして、私たちは今の医療、つまり、チーム内でパイの奪い合いを繰り返しているうちにチーム全体が沈んでいくような医療のあり方を改めることはできない。真に医療の実力が発揮され、私たちがその恩恵を享受することができる医療に変えることはできないのだ。

業界全体での切磋琢磨こそが、医療ミスなどの問題や、先に述べた医療の不確実性からくる過少医療や過剰医療といった問題にも解決策を与えてくれる。切磋琢磨によりチーム全体の力が底上げされることで、確実に、劇的に、医療の質が向上していくからだ。

その意味で、規制による護送船団の発想で、競争環境の健全性を損なわせてしまうのではなく、**「やり方を指定して強制するよりも、目標を設定して実績を評価するほうが理にかなう」というマネジメントの原理原則に立ち戻る**ことが重要だ。

マネジメントを活用した新たな医療を築いていくにあたっては、プレーする側もプレーを調整する側も、生産的な競争のなかでいかに医療全体の力を高めていくかに心を砕く必要がある。客観的事実に基づいた意味のある情報は、理にかなった選択と行動変容とを促す。

これは医療業界に限ったことではないが、実績に基づく情報が集約、開示されれば、プレイヤーは例外なく実力によって評価されることになる。

もちろん、情報の集約と開示には一定以上のスキルが必要だし、そこは私たちの力が試されるところではあるが、いずれにせよ、それによって健全な競争環境下での切磋琢磨が否応なく促される。そうなれば、全体の力の向上は必至。そうなればしめたものだ。

そしてもう一つ、この章の最後に押さえておきたいポイント、それは、この章でこれまで述べてきたマネジメントの基本中の基本はすべて、各プレイヤーの組織内においても同様に重要である、ということだ。

プレイヤーとして切磋琢磨のなかで力を発揮していくためには、とりもなおさず、私たちがまずは自らのマネジメント力を鍛え、高めていく必要がある。

・明確な目的を掲げ、組織内全体で共有する。

・組織全体が目的の実現に向けて力を尽くせるだけの明確な評価のルールと、切磋琢磨を促す仕組みを整える。
・機能的な役割分担と連係のうえで、プレイヤーのすべてが切磋琢磨を日々積み重ねていく。

こうした点に加え、先に述べたように、これまでの枠組みにとらわれない、ゼロベースの発想で自分たちのほんとうの目的を見つめ直すこと、そして第3章で描いたように、正しい問題認識を持つことも重要だ。

それぞれのプレイヤーがそれぞれのポジションで、そうした理にかなった発想を重ねながら、わずかずつでも――第3章で述べたような――これまでのよくない癖を直して、労を惜しまず、プレイヤーとして実力を高めるための切磋琢磨を重ねていくことができれば、確実に医療を変えることができる。

マネジメントと情報の力、それらによって引き出された切磋琢磨によって、そう遠くない未来に、私たちは、自分たちがほんとうに欲しいと望む医療を、自分たちの手で築くことができるはずだ。

※1　ヒポクラテスの誓い（The Oath of Hippocrates）：ヒポクラテス集典（Corpus Hippocraticum）にある、医師の倫理・任務などについての、ギリシア神への宣誓文。患者の生命・健康保護の思想、患者のプライバシー保護のほか、専門家としての尊厳の保持、徒弟制度の維持や職能の閉鎖性維持なども謳われている。

※2　ジュネーブ宣言（Declaration of Geneva）：１９４８年の第２回世界医師会総会で規定された医の倫理に関する規定。「医師の一人として参加するに際し、私は、人類への奉仕に自分の人生を捧げることを厳粛に誓う。私は、良心と尊厳をもって私の専門職を実践する。私の患者の健康を私の第一の関心事とする」――などと定められている。

※3　P・F・ドラッカー『ドラッカー名著集3　現代の経営［下］』ダイヤモンド社、２００６年

第5章

「投資型医療」で、「皆が長く元気で生きられる、持続可能な社会」を目指そう！

ここからはいよいよ、これまで述べてきた医療がかかえる問題の本質と、前章で解説したマネジメントの概念とを踏まえて、私たち自身がほんとうに実現したい医療とはどんな医療なのかを考えていきたい。

ベースとなる考え方は、「いかに今の制度を維持するか」ではなく、「いかに自分たちが実現したい医療に近づけるか」だ。

もしかしたら、読み進めるうちについつい意識が今の制度に縛られて、「そんなことをしたら××はどうなるんだ？」「○○があるから、そんな医療は実現しないだろう」などという疑問や疑念に駆られることもあるかもしれない。

しかし、イノベーションは常にギャップを乗り越えて登場するものだ。新たな仕組みや価値観の登場は、このままでいたいと願う人たちにも変化を迫る。そして、それはある種の摩擦や痛みをともなうものだ。

だから、私たちが実現したい医療の姿やそこに至る道を考えるうちに疑問や不安な思いがよぎるのも、当然と言えば当然だ。

それでも、ここまで見てきたような医療の現実、その延長線上に見える決して明るくない未来を思えば、ひるむことなく「あるべき医療」を考えていくことが大切だろう。重要なのは、未来志向でビジョンを描き、そこに向かって、私たちのいる今ここから、一歩、また一歩と歩を進めることなのだ。

さあ、早速、最初のステップであるゴールセッティングにとりかかろう。

と言いたいところだが、実はもう一つ、実際に医療自体のゴールを明確にする前にしなければならないことがある。

それは、社会全体のビジョン、つまり、私たちが「どんな社会を望み、目指すのか」を明確にすることだ。

これからの医療の目的は、「治療」や「延命」ではなく「健康」だ

人にとっても社会にとっても幸せなのは、「病気にならない」こと

社会全体のビジョンを明確にするために、まずは、こんな質問からはじめてみたい。

朝いつもどおりに目覚め、仕事をし、家族や友人と夕食をともにする一日と、病気にはなったが、難しい手術を無事に終え、回復を祝って家族と涙する一日。

人生のひとコマとして、あなたは、どちらが幸せな一日だと思うだろうか？

前者は平凡で、後者がドラマチックに思えるかもしれない。でも、筆者ら二人は迷わず前者を選ぶ。

病気が回復するのは素晴らしいことだ。だが、少なくとも筆者らは、病気を患う人が多

い社会よりも健康な人が多い社会により豊かさを感じるし、自分自身も健やかでありたいと願っている。それに、疾患の治療がそうそう簡単に、簡潔に終わるわけではないことも知っている。もちろん、生きていれば誰しも病気になることもあるし、なんらかの事情で病とともに生きていく方もいる。そうした場合でも、少しでも病状や症状が安定した毎日を過ごせれば、より健やかな気持ちを得られるようになるはずだ。

自分だけではない。親や兄弟、子どもをはじめとする家族、そして、友人、同僚……。こうした人たちが病に苦しんだり、また、大切な誰かを失ったりすることは誰にとってもつらい体験だ。さらに、看護する家族にとっても、精神的な負担だけでなく、時間的、金銭的な負担によって人生の軌道修正を迫られる場合も少なくない切実な問題である。

大切な人に、ずっと元気でいてほしい。そして願わくば、自らも健やかな人生をまっとうしたい——時代が変わっても、こうした願いは変わることはない。

これからどのような社会を築き営んでいくべきか。医療にとどまらず社会全体の未来を考えるときに忘れてはならないのが、こうした私たちの素朴で本質的な願いと価値観だ。

本書で繰り返し述べてきたとおり、医療には、今、「医療がしていること」とは比べものにならないほど、私たちの健康を守り、高めていくだけの実力がある。そんな医療の実力がいかんなく発揮され、私たち一人ひとりの人生がより健やかさにあふれたものになるとしたら、これほど望ましいことはない。

究極のビジョンは、「皆が長く元気で生きられる、持続可能な社会」

もう一つ、私たちがこれからどのような社会を築き、営んでいくべきか考えるときに忘れてはならないことがある。それは、「社会の持続可能性」だ。

今の日本は、医療をはじめとする社会保障のために国全体が沈むという、本末転倒な事態に陥りかねない状況になってしまっている。私たちは、この国の破綻を防ぎ、将来世代にこれ以上の負債を残さない社会を築いていくべきだろう。つまり、持続可能な社会と、持続可能な医療を築くということだ。

言い換えれば、

私たちが目指すこれからの社会：皆が長く元気で生きられる、持続可能な社会

これが私たちの究極的な社会のビジョンだ。

皆が長く元気で生きられる、持続可能な社会。こうした社会――そこに住まう人々が自分を健康に保つように過ごし、大切にケアされ、皆が健やかで、それぞれの場所で、それぞれに持てる力を発揮できる社会――では、一人ひとりがどんな社会的・経済的な状況に置かれても、プライドと生き甲斐を持って自立した人生をまっとうすることができる。

そんな豊かな社会があるなら、筆者らはぜひとも住んでみたいし、それが自分の国なら、自分の国をより誇りに思い、この国をもっと素晴らしい場所にしたいという思いを強くいだくに違いない。

さあ、ビジョンが定まったところで、これからの医療について具体的に掘り下げていこ

う。このビジョンを実現するために、私たちは医療にどんな役割を担わせ、どのようにその力を活用していけばよいのだろうか。まずは医療が果たすべきゴールについて、検討を進めていこう。

「健康のケア」がゴールの医療

医療のゴールを決めるのに悩むことは何もない。

第3章で見てきた、医療をお金と健康をムダにする「トラブルシューティング型医療」に押しとどめているものの正体のうち、最も本質的な要因を思い起こしていただければ十分だ。

それは、**今の医療が、私たちの健康を維持・増進し、病気を予防することではなく、病気の診断と治療のみをゴールとしてしまっていることだ。**

そのため今の医療は、狭いフィールドに閉じこもり、私たちが病人になってやってくるのを待っている。そして、**医療が病人を待っている限り、病人が減ることはなく、一つの病気が複数の病気を呼び、人々はさまざまな合併症に苦しみ、病院は患者であふれ、医療**

機関はその対応に追われ、治療費というコストは膨張し続けるのだ。

私たちが、こうした「トラブルシューティング型医療」を続けている限り、この悪循環を止めることはできない。

再三述べてきたように、医療には病気を治療する力だけでなく、健康を維持・増進したり、病気を予防したりする実力が備わってきたのだ。そうした力をきちんと活かすことができれば、私たちは、私たち自身が病気になる機会を減らすことができ、社会の中で、病気や合併症に苦しむ人を減らすことができる。医療機関が病人であふれかえることはなくなり、治療というコストを劇的に減らすことができる。

単にコストの問題だけではない。年をとっても自分のことは自分で行い、ときには孫やひ孫の面倒を見たり仕事や趣味を楽しんだりして健康的で充実した人生を送る人たちが増えれば、そうした人たちの社会に対する貢献は、精神的豊かさという側面においても、経済活動の点でも、負担軽減の意味でも、私たちの想像をはるかに凌ぐものとなる。

超少子超高齢化にますます拍車がかかるこれからの時代に、そうした形で健康がケアされれば、世代を超えた支え合いが実現する。

とどのつまり、病気になるより健康でいるほうが、個人にとっても社会全体にとっても、幸せなことであるのと同時に、確実に負担も軽いのだ。自明のことではあるが、もう一度この原点に立ち戻ろうではないか。

私たちが死を迎えるそのときまで、健やかで自分らしく生をまっとうしたいと願うなら、そして、社会を持続可能にしたいと思うなら、まずは、**医療の目的そのものを「治療」から「健康をケアする」に変える**必要がある。

こうした攻めの医療、健康への脅威に対する先制攻撃としての医療を実現するのが私たちの目標の一つだ。

したがって、これからの医療のゴールはこうなる。

これからの医療のゴール：健康をケアする

「医療」というと「治療」を思い浮かべてしまう多くの人にとっては、これからの医療はむしろ、「ヘルスケア」ととらえるほうが馴染みがよいかもしれない。あるいは、それに適した言葉を新たにつくるべきかもしれない。

医療はもはや、病気の治療のためだけに存在するのではなく、私たちの健康をケアし維持・増進するための、そして何より、私たちを「病気にさせない」ための人生の頼もしい相棒となるのだ。

ケア×マネジメントで、新たな医療をイノベートする

さて、これからの医療のゴールが定まったところで、次に私たちが考えなければならないのは、「健康をケアする」という新たな医療のゴールのもとで、いかにして医療の実力を最大限発揮させ、プレイヤーの力を引き出して、「健康」や「お金」をムダにしない新たな医療を築いていくか、ということだ。

第2章を思い出してほしい。

糖尿病患者のうち血糖がコントロールできているのが4人中わずか1人、高血圧患者の

うち血圧が真に良好にコントロールできているのは8人中わずか1人――。

治療法が確立した、管理しやすいこれらの疾患でさえ、今の医療が実際に発揮できている力は、これだけしかない。

と同時に、そこに投じられているコストも、可能な限り圧縮する必要がある。

ここで活躍するのが、第4章で紹介したマネジメントだ。

そして、筆者らがこれからの時代にふさわしいと考える、「マネジメント」を最大限活用した「健康をケアする医療」、それが、本書のタイトルである「投資型医療」だ。

「投資型医療」とは何か?

この耳慣れない（筆者らの造語なので当然なのだが）「投資型医療」という代物は、いったい何ものなんだろうか?

詳しくは順を追って説明していくが、ここでは簡単にそのアウトラインを説明しよう。

投資型医療をひとことで言うなら、健康に投資する医療、つまり**「健康という資産を維**

持・増進するための価値の高い医療」だ。そして、そのゴールはもちろん、「健康をケアする」ことであり、「病気にさせない」ことだ。

投資型医療は、一度患った病気を治療することを主たる目的とする今の医療とは違い、私たちが生まれたときから死ぬときまで健やかに日々を過ごせるよう、私たちに寄り添い、私たちの健康をウォッチし、病気を遠ざけ、一度病気になってしまっても、できるだけ初期の状態に回復させようとする。

私たちや社会の側も、自らの健康を支える重要なツールとして投資型医療を最大限活用し、より健康な生活をより長く楽しむ。そして、そうした健やかな日々を、家庭や地域社会、仕事などを通じて、それぞれのやり方で社会へと還元していく。

投資型医療が実現すると、業界の仕組みと市場の力によって、医療のプレイヤー同士が一つのチームとなって医療のゴールへと向かっていく。

価値の高い（医療における「価値」については追って詳述するが、「患者の健康上のアウトカム／コスト」、要は「費用対効果」で表すことを提案したい。たとえば１００円あたりで患者がどれだけ健康になったかを意味する）投資型医療のある社会では、私たちは死を迎えるそのときまで、健やかに過ごすことができるし、社会全体で見れば、医療のコストを大きく抑えることができる。

それだけではない。人々の健やかさの高まりによって向上した生産性や、それらのもたらす貢献により、社会はより豊かに醸成していく。

換言すれば、投資型医療は、健康に効果的に投資することで、治療という膨大なコストを削減するとともに、人々の「長く元気」を実現する医療である。

同時に、市場の力を活用しながら自律的な好循環を生み出し、「いい医療を低いコストで提供できる医療」が拡がる、発展するということだ。

「投資型医療」とは?:健康という資産を維持・増進させるための価値の高い医療

投資型医療は、健康にすればするほどご褒美がもらえる医療

投資型医療を現実のものとして機能させるには、その仕組みにもちょっとした仕掛けが必要だ。と言っても、その仕掛けは実にシンプル。

――「健康に寄与すればするほどご褒美がもらえる」ようにする。

それだけだ。

繰り返し述べてきたように、今の医療が「病気を治す」ことに注力している理由の一つは、たくさん治療をしたり難しい手術をしたりする者が報われる、つまり、治療をすればするほど稼げる仕組みになっていることだ。

病院は病人がいるからこそ収入を得ることができ、さらに言えば、病人が増えれば増えるほど収入が増える仕組みになってしまっている。おかげで、患者数が増え、過重労働を迫られて悲鳴をあげ、何かがおかしいと思いつつも、「発病を待って治療を始める」スタ

イルから脱却することができない（表5）。

一方の投資型医療の目的は、私たちの「健康に寄与すること」だ。「病気にさせないこと」と言い換えてもいい。

そして、投資型医療における評価のルールは、「健康に寄与すればするほど報われる」というものだ。前章で学んだマネジメントの原理原則に忠実に、「いかにゴールに貢献したか」でプレイヤーに報いるのだ。

私たちの健康に寄与すればするほど報われる、つまり利益が得られるわけだから、各プレイヤーは放っておいても私たちの健康に寄与すべく凌ぎを削ることとなる。

結果として、私たちは確実に「健康な人」を増やすことができるというわけだ。

すべてのプレイヤーのミッションは、「医療（ケア）の価値」を最大化すること

ここで、「医療（ケア）の価値」について、少し説明を加えておこう。これは、マイケル・ポーターの考え方をベースにして考えたい。

表5 「トラブルシューティング型医療」と「投資型医療」の仕組みにおける本質的な違い

	トラブルシューティング型医療	投資型医療
目的	病気の治療	健康のケア
評価のルール	治療をすればするほど報われる	健康に寄与すればするほど報われる
結果	治療が増える	健康な人が増える

出典：筆者作成

医療の価値は、先ほども簡単に述べたとおり、「患者の健康上のアウトカム／それに費やしたコスト」（費用対効果）で表す。※1

投資型医療における医療（ケア）の価値：患者の健康上のアウトカム／コスト

つまり、投資型医療では、たとえば100円あたり、どれだけ私たちの健康をケアできたか、あるいは病気にさせないことができたかが価値基準であり、同じだけの健康をケアするのにどれだけのお金を費やしたかが価値基準となる。そして、単位あたりのアウトカムが高ければ高いほど、価値の高い医療ということになるのだ。

また、ここで言う「患者の健康上のアウトカム」とは、「健康をケアする」ことをゴールとする投資型医療において、「長い目で見て、人々の健康にどれだけ寄与できたか」という視点で評価することになる。

たとえば手術の良し悪しなども、それだけを切り離して評価できるものではなく、患者の長期的な健康状態、それに関わるサービスとともに評価されてはじめてわかるものだし、予防に関しても「どれだけ病気にさせないか」が重要になるというわけだ。

投資型医療に関わるすべてのプレイヤーのミッション：
医療（ケア）の価値（患者の健康上のアウトカム／コスト）を最大化する

アウトカムとコスト、その両方ににらみをきかせながら、市場の中でより高い価値の医療を開発し、普及させること——それが、これからのプレイヤーに課せられる、唯一無二のミッションとなるのだ。

価値を向上させる切磋琢磨が、ビジョンを現実のものにする

これまでの「トラブルシューティング型医療」にはないが、投資型医療に欠かせない大きな要素は、その内部に備わっている好循環を生み出す自律的な機構だ。その機構が、前章で述べた切磋琢磨、いわゆる、ポジティブサム競争である。

前述のマイケル・ポーターも述べているとおり、医療を転換するためには、医療の価値

を向上させる競争を、ポジティブサムの形で起こすことが鍵となる。

投資型医療においては、その仕組みの屋台骨として「健康をケアする」という明確なゴールと、「いかに価値の高い医療で健康をケアしたか」という実績でプレイヤーを評価するルールを徹底する。それによって、ポジティブサムな競争が起きる環境を整えるのだ。

そして、医療の価値が劇的に向上するとき、私たちの社会は、確実にビジョン——「皆が長く元気で生きられる、持続可能な社会」へと、近づいていくのだ（図15）。

アウトカム測定で、切磋琢磨を飛躍的に加速させる。

投資型医療における評価のルールとして必要不可欠なのが、医療のシステム内の随所に、**情報や市場の力を適切に利用したインセンティブやペナルティを内包させていくことだ。**

実績を評価した価格設定もその強力なドライブになるし、一方で、プレイヤーの手足を縛るような規制を極力排除して、患者を含めた医療に関わるすべてのプレイヤーが医療の価値を最大化させるために連係し、切磋琢磨し続けられる仕組みを構築することも求めら

図15　投資型医療における価値の向上と目指すべき医療

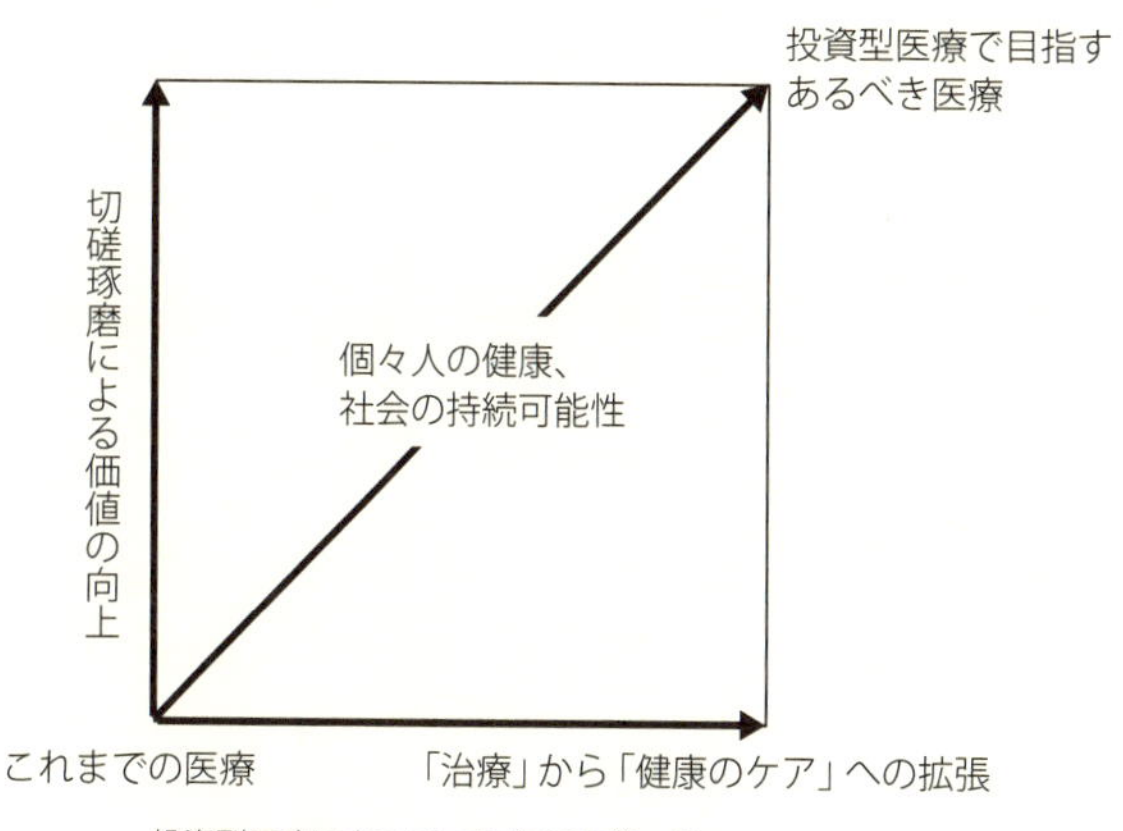

投資型医療において、すべてのプレイヤーがケアの価値を最大化するとき、ケアの価値は劇的に向上し、ビジョンは確実に実現に近づいていく。

出典：筆者作成

れる。

そして、それらすべての改革にとって重要になるのが、「情報」だ。

医療の価値の追求を考えるうえでいちばん重要な情報は、やはり、アウトカムだろう。日本でもいくつかの病院や学会がアウトカム測定に積極的に取り組み始めてはいるものの、この領域に関しては、米国や英国など、欧米諸国が世界をリードし、日本は大きく後塵を拝している。

個別の取り組みでは、米クリーブランド・クリニックの例が挙げられる。同クリニックは、数十年の長きにわたり全米の病院ランキング総合で第4位の評価を受け、14の診療科においてトップ10に入り、その心臓血管研究所は、16年連続第1位を記録している全米トップクラスの病院だ。

同クリニックでは、1972年に心臓外科と循環器内科のグループがアウトカムの評価とその公表を始めて以来、その結果に紐づけたインセンティブをスタッフに与えるルールを採用し、そうしたデータをもとにより価値の高い医療を提供できるように取り組んできた。

１９８０年代に政府や学会が全国規模でアウトカム評価に取り組むようになると、同クリニックの評判が急速に上がり、患者数も急伸した。

つまり、いちはやくアウトカムをもとにした評価を取り入れ、それを公表することで、医療機関はより価値の高い医療を追求することになり、私たちはより価値の高い医療を選べるようになる。これこそが、投資型医療の自律的な好循環の典型だ。

こうした情報が蓄積され、公開されれば、私たちは、現在の「いつでも、どの病院医院にでも好きにかかれる」という意味で日本が世界に誇っている**「フリーアクセス」**から、**「より価値の高い医療を選べる」、つまり「ライト（適正な）アクセス」「ベスト（最善の）アクセス」**へと、医療提供の仕組みを劇的に成長させることができる。

アウトカムを測定し、その結果を活用することで、投資型医療の切磋琢磨という好循環を、飛躍的に加速させることができるのだ。

投資型医療なら、「皆が長く元気で生きられる、持続可能な社会」を実現できる

本書でこれまで述べてきたような、私たちが知りうる事実をつき合わせ、シンプルかつ合理的に考えれば、ビジョン実現のために私たちが選ぶ道は健康に投資する医療、すなわち「投資型医療」しかない。これが、筆者らの一致した見解だ。

筆者らが考える投資型医療の話をすると、「予防医学を普及させたら、寿命が延びてかえって医療費がかさむ」「医療の質を今以上にしようと思ったら、もっと医療費がかかる。現実的には無理な話だ」など、反論の声が聞こえてくることがままある。しかし、医療の価値をアウトカムとコストの双方から設定しているように、当然費用について考慮しないことには価値を語れないというのが筆者らの考えだ。

たしかに、高齢者人口が急激なスピードで増えるこの時代に、年をとれば誰しも病気のいくつかをかかえて生きることになるであろうことを思うと、予防医療のさらなる活用に力を入れたところで焼け石に水ではないか、医療費の観点からはむしろ悪影響ではないか、と言いたくなる気持ちもあるだろう。

医療費の伸びは医療技術が進歩したためだという説明もよくされるくらい、今でいう「高度な医療」はたしかに高額だし、医療は進化すればするほど高くつく、という認識を多くの人がお持ちなのも想像に難くない。

これらの前提から考えれば、医療の質をより高めたいと願う私たちは、放っておいても増える医療費をさらに増やせと無理難題を言っているに等しいように見えるかもしれない。

「投資型医療」＝「今の医療」＋「予防医療」ではない

だが、見てきたとおり、投資型医療は、「今の医療」＋「予防医療」といった単純なものではない。投資型医療が目指すのは、あくまで価値の高い治療であり、価値の高い予防医療だ。

投資型医療は、医療のフィールドを「治療」から「健康のケア」へと拡張するだけでなく、その価値を最大化する機構を有効に活用して、医療の価値を高め続けるものだ。

人々が病気になるのを待ってから医療が介入して治療を行うために、どうしても治療のコストが増大してしまう「トラブルシューティング型医療」に対し、より予防的で攻めの医療である投資型医療は、健康の維持が重視されるために全体の治療のコストを抑えることができる。

同時に、切磋琢磨の結果、医療の質や価値は向上するから、治療のコストをさらに抑えることができる（図16）。

そして、最終的な両者のコストの差は、図17のようになって現れる。それがどの程度の差になるかは、私たちの切磋琢磨にかかっている。私たちが切磋琢磨によって医療の価値を向上すればするほど、投資型医療におけるコストは着実に下がっていくからだ。

いい医療は安い

一方、「医療の価値って、ほんとうに向上できるの？　だって、ふつうに考えたら医療の質を上げたらコストも高くなっちゃうじゃない？」という疑念をいだいている方には、こんなデータを用意した。

他国の例で恐縮だが、次の図18は、米国における州別のメディケア（公的医療保険）の支出と医療の質とを比較したものだ。

図16 「トラブルシューティング型医療」と「投資型医療」の本質的な違い

トラブルシューティング型医療

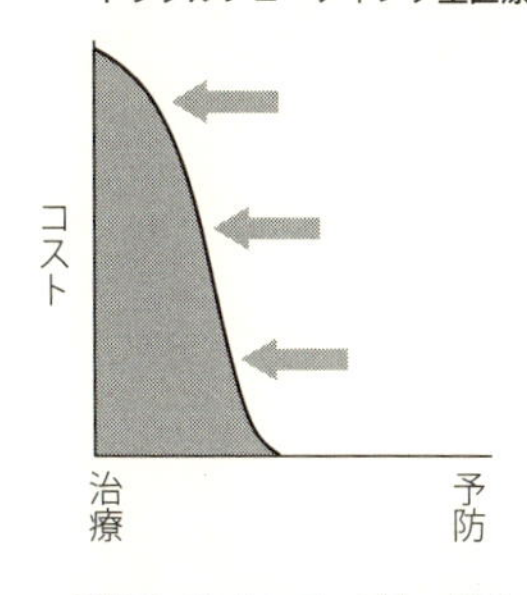

予防のインセンティブも、質を向上させるインセンティブも働かない「トラブルシューティング型医療」では、治療のコストは否が応でも膨れあがる。

投資型医療

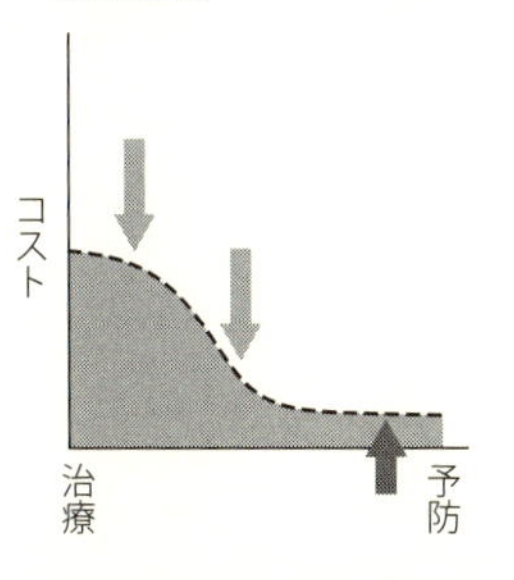

健康に寄与することを目的とし、健康に寄与することで報われる「投資型医療」では、医療による疾患の予防が普及するとともに、医療の価値が高まり、大きくコストが下がる。

出典：筆者作成

図17 「トラブルシューティング型医療」と「投資型医療」におけるコストの差

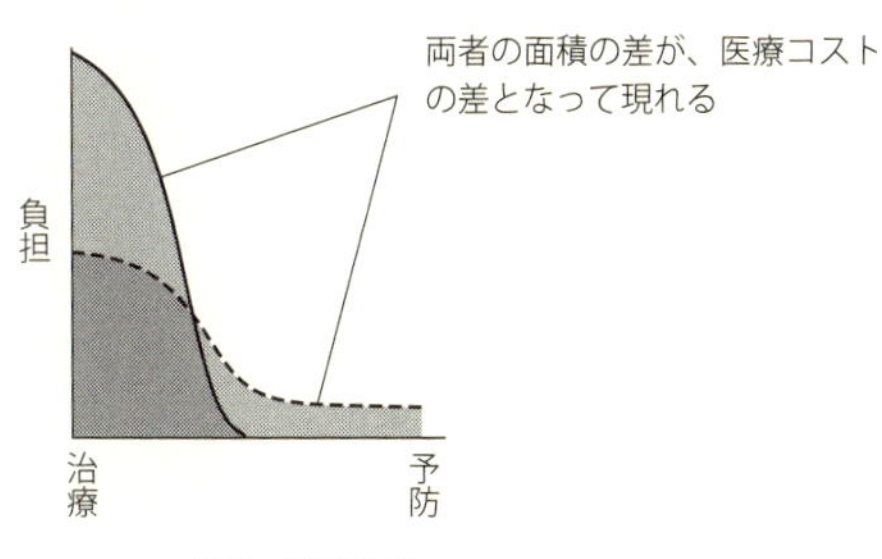

出典：筆者作成

このグラフにおける「質」とは、本書が提唱する「アウトカム」ではなく、「プロセス（手順）」による評価なので、これが実績による評価だったら、おそらくさらに相関が強く出るものと思われるが、いずれにせよ、効果的な治療を提供している州ほど、医療費の支出は小さくなっている。

つまりこの図は、**「価値の高い医療を提供すれば、医療費は抑えられる」**ことを示しているのだ。

ふつうに考えれば、高級車は大衆車より文字どおり高級だし、衣類から電化製品まで、いわゆるコモディティ（ありふれた商品）は、高い質を望むならその分の出費を覚悟しなければならない。だが、医療においては、ある種当然の帰結として、いい医療は安くなる。なぜなら、いい医療提供者にかかれば、健康が維持できる分、病気にならないですむからであり、病気になったとしても、診断がより正確で治療のミスも少なく、合併症の発症率も低く、侵襲性は低く、回復は早く、治療が最小限度ですむからだ。

つまり、**医療は本来、質が高まれば高まるほどコストが下がる**という、なんともうれし

図18 米国における州別のメディケアの支出と
医療の質（2001年）

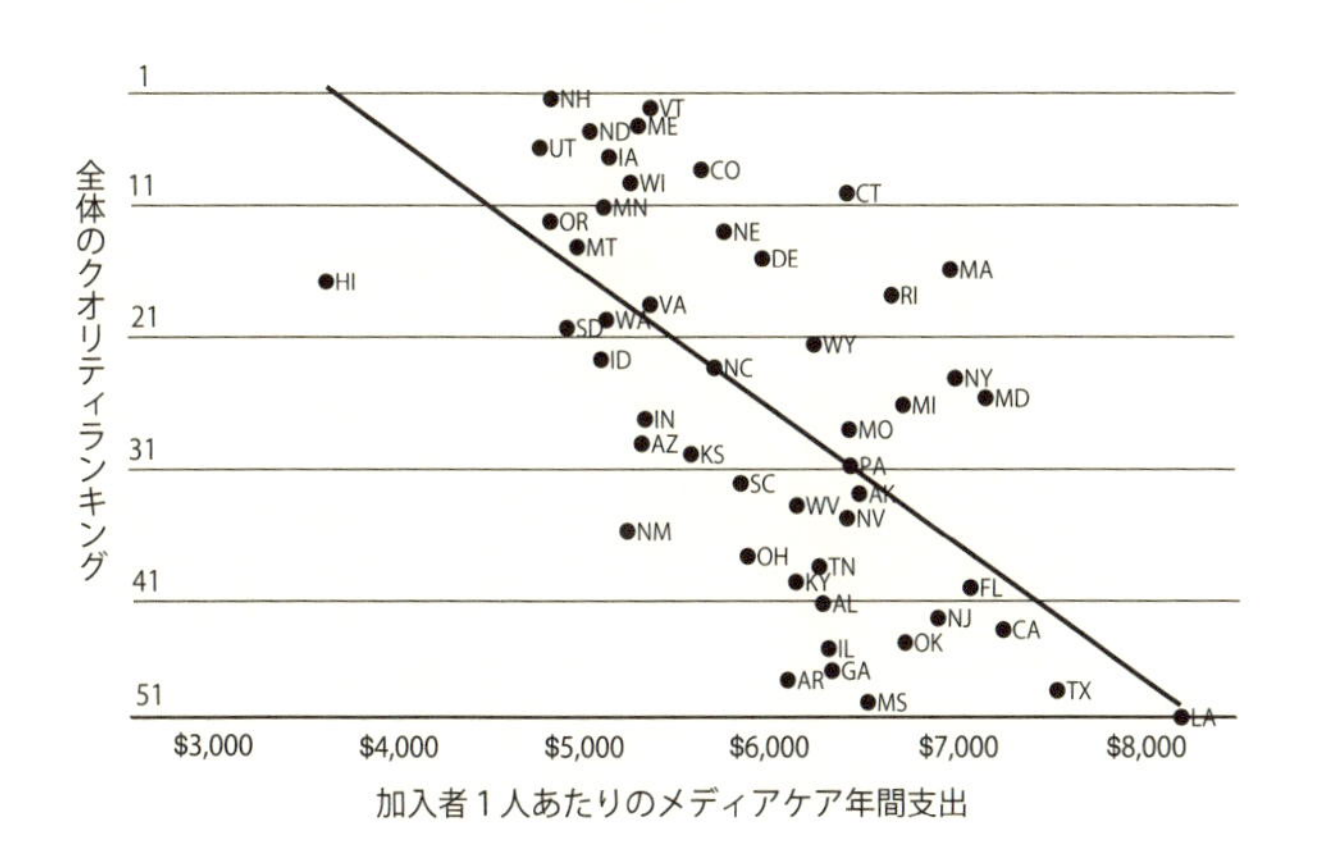

出典：Katherine Baicker, Amitabh Chandra, "Medicare Spending, The Physician Workforce, And Beneficiaries' Quality Of Care", Health Affairs, 2004

い特性を持っているのだ。

マイケル・ポーターもその著作の中で、「既存の医学知識をより効果的に利用するだけでも相当なメリットがあるはずである。医療技術が重要だと思い込んでしまっているが、現行の医療システムが直面している最大の問題は、技術ではなくマネジメントである」と指摘しているが、糖尿病をはじめとする多くの生活習慣病治療に見られるとおり、医療において問われているのは、より難しい治療を成功させるということより、むしろありふれた治療を、優れたマネジメント力により効率よく行うということなのだ。

投資型医療は、企業にとってもリターンがある

「投資型医療」は、社会や経済にとっても大きな意味がある。その一例は、企業にとって従業員の健康のケアが確実に高いリターンの見込める投資だということだ。

単純な話、従業員一人ひとりが心身ともに健康で、仕事に没頭でき、自分の力を最大限発揮できれば、医療費の削減に加え、従業員の欠勤が減り、仕事の効率もアップする。企

業からすれば、これほどありがたいことはない。

企業にとっては、なんらかの理由で欠勤している従業員をかかえるコストも膨大だが、実は、出勤しているにもかかわらず体調不良のために効率が上がらない従業員をかかえる、いわゆるプレゼンティズムによるコストはその1・5〜3倍[※2]とも言われている。欠勤とプレゼンティズムの双方を減らすことで、企業はコスト削減だけではなく、生産性や競争力の向上にも大きな力を持つことになるのだ。

そして、その投資対効果はおよそ3〜10倍[※3]。つまり、1万円を投資すれば3〜10万円以上のリターンがあると言われている。

日本でも、健康的で優れたメニューを提供する社員食堂のレシピ本の大ヒットが記憶に新しいが、先進的な企業の社員の健康増進への投資は、食事やフィットネスに限らず、予防医療や疾患管理にも及んでいる。

米国では、ピツニーボウズ社がそんな先進的な取り組みをする企業の一つだ。

同社は、郵便発送業務支援をサービスの柱として世界130ヵ国で展開するグローバル企業だが、1990年代から食堂のメニューの見直しやフィットネスプログラム、カイロプラクティックやマッサージなどを含む職場診療サービスの充実、社員向け健康教育の実施、より健康的価値の高い（従業員の健康を促す）支払者との提携などさまざまな対応を行い、2007年には3980万ドルの効果を上げている。※4

社会全体が投資型医療を促進する方向へ向かい、その価値が高まっていけば、企業も確実に多くの恩恵を受ける。そして、企業自体も医療業界のプレイヤーとして（多くの場合、支払者として）投資型医療の中で切磋琢磨することで、自身もメリットを受けるだけでなく、その従業員にも、ひいては医療サービスの提供者にも好循環を生むような影響を与えられるのだ。

投資型医療なら、「皆が長く元気に生きられる、持続可能な社会」が実現できる

以上が、投資型医療の大まかな骨格とその特徴だ。

ここまで見てきたとおり、私たちがうまく医療の実力を活用できれば、そこから得られるものは、医療費というコストの抑制にとどまらない。発症や重症化を防いだことでもた

らされる、生産性向上を含めた社会への貢献、あるいは、先に紹介したプレゼンティズムによる損失の削減などを考えると、投資型医療によって、私たちが医療の実力をいかんなく引き出し、「長く元気」を実現することができたときのインパクトには、相当なものがある。

下がった分のコストで、今はまだ予防や治療が難しいような病気の研究やその患者のサポートを充実させることも可能だ（これは医療従事者としては切に願うお金の使い道だ）。

私たちは、「投資型医療」というコンセプトのもと、「トラブルシューティング型医療」を出発点として医療のフィールドを拡張し、自らも切磋琢磨を重ねながら医療の価値を高めることで、私たち自身が「長く元気で」いられるようにするのと同時に、医療自体を持続可能にし、そのうえで、社会全体の持続可能性に大きく貢献することができる。

※1 マイケル・E・ポーターら『医療戦略の本質 価値を向上させる競争』日経BP社、2009年
※2・3 Ron Z. Goetzel, PhD et al. Health, Absence, Disability, and Presenteeism Cost Estimates of Certain

Physical and Mental Health Conditions Affecting U.S. Employers. 2004

※4 Michael E. Porter, Jennifer F. Baron, "Pitney Bowes: Employer Health Strategy", Harvard Business School, 2009

第6章
「投資型医療」を実現するための七つの提言

本章では、前章で紹介した「投資型医療」を実際に現実のものとしていくために、筆者らが必要だと考えているアクションを、七つの提言として提示したい。

「投資型医療」を実現するための七つの提言

提言1　社会全体でイノベーションを促進しよう
提言2　病気にならない、病気にさせないための投資をしよう
提言3　開かれた医療でケアの価値を追求しよう
提言4　情報の集約と開示をしよう
提言5　資源の最適再配置をしよう
提言6　政策立案と合意形成のプロセスを進化させよう
提言7　Small-Win（小さな成功）を拡げよう

提言1 社会全体でイノベーションを促進しよう

第1章で詳述した「医療がしていること」と「医療ができること」のギャップ。この大きな隔たりを埋め、医療がさらに進化を加速していくためには、これまでの方向性や仕組みを変える必要がある。過去の連続線上の発想や手法では、これまでの医療の概念の転換はできないからだ。そして、従来型の発想を超え、物事や仕組みを新たなステージに進化させること、それがイノベーションだ。

イノベーティブに価値の向上に挑もう!

医療改革が難しい理由はいくつもあるが、おそらく最も大きな原因の一つは、医療が当事者意識を持ちにくい、または当事者意識を表現しにくいものであることだろう。

医療を自分事だと自覚していない人は驚くほど多いが、実はほとんどすべての人が医療の当事者であり、医療に運命を左右されているのだ。

今は医療なんて関係ないと思っている人たちが、年を重ねて医療の恩恵を受ける側になった頃には、現時点では想像もつかないような医療水準になってしまう懸念もある。現状に満足し、見て見ぬふりをしている場合ではないのだ。

さらに、これまで見てきたように、医療では多くのステークホルダーが複雑に絡み合っている。日々医療がかかえる問題に直面している医師や患者をはじめとする一部のプレイヤーだけの力だけでは、医療をいい方向に変えることなど到底不可能だ。だからこそ、社会全体で医療という大事なツールにイノベーションを起こし、新たな価値を生み出していく必要がある。

つまり、

- 社会全体でイノベーティブに価値の向上に挑むこと。
- 誰もが価値の向上というイノベーションに参加したくなるような仕組みを上手につくって社会全体を巻き込むこと。

この二つが、投資型医療を通じて社会のビジョンを実現するための、必須条件となる。

社会全体でイノベーションを促進していくうえで欠かせないのは、ゴールを共有することだ。イノベーションのゴールはもちろん、「健康のケア」。健康をケアするような医療の実現とその価値を持続的に向上させるためにイノベーションに取りかかるのだ。

「見える化」と「インセンティブ」で、イノベーションを促そう！

社会全体でイノベーションを促進するためには、仕組みの側にも相応の工夫が必要だ。たとえば、ＩＣＴの活用に関しては、個人情報の保護などが重要だが、それに配慮し過ぎてイノベーションを妨げる規則となっていないかという視点も重要だし、イノベーションを適正に評価する土壌を業界内につくり出すことも重要だ。

そのなかで賢く活用したいのが、インセンティブだ。

たとえば、現状の健康保険制度では保険料は掛け捨てといって、「払い切り」になってしまうが、保険料に生命保険の商品のように積み立て式の部分があれば、自分が健康をケアしたことによって医療費が少なくてすんだり逆に多く使ったりしたことが、積み立て部分の残高というわかりやすい数字として見える化される。

そうなれば、多くの人は、自分の残高ができるだけ減らないように、自分の健康をよりケアするなどして、医療費を抑えようとするだろう。

あるいは、健診を受けなかったり健診で受けるように言われた精密検査をサボったりする従業員には、ちょっとしたペナルティを科すような発想があってもいい（現に、一部の企業では、必要とされる健診を受けなかった場合に賞与の一部カットに踏み切る事例も出てきている）。


このように、健康をケアするというゴールに向けて医療の各プレイヤーが機能的な連係を進め、他のプレイヤーを正しい方向に誘導するような工夫、インセンティブ設計を細部にわたって組み込んでいけば、図らずも医療の価値を高める切磋琢磨に参加することになるプレイヤーを劇的に増やすことができる。

そうした小さな一つひとつが積み重なれば、いずれは大きな価値を生み出すことにつながっていくだろう。

提言2

病気にならない、病気にさせないための投資をしよう

「投資型医療」でケアの価値を向上していくためには、単に個人の心がけや医療者の努力という次元を超えて、「健康を維持すること」「病気にさせないこと」を目的に、すべてのプレイヤーが、「健康への投資」を行いやすい環境を整えていくことへと向かっていく必要がある。

「健康への投資」を十分に行い、高コスト体質から抜け出すと同時に、長期間の健康によって得られるリターンを、社会全体で享受するのだ。

チーム・ヘルスケアの一員として、自ら健康に投資しよう！

私たちがこれから、皆が長く元気で生きられる、持続可能な社会を築くにあたっては、当然ながら私たち自身がより「健康志向」になり、自らの健康に投資していかなければならない。

あなたが自力で守ることのできたはずの健康を失ってしまうことは、あなたの人生だけでなく、家族や地域、会社など、あなたの所属するコミュニティにとっての大きな負担となって跳ね返ってくる可能性がある。当然、健康であればできたはずの社会貢献をすることもできなくなる。

さらに、国全体から見れば、そういう一人ひとりの「あなた」が積み重なって、現在のような莫大な医療費に変わることになる。

見方によっては、**あなたはあなたの隣人に自分の暴飲暴食のツケを払わせていたり、逆に隣人の暴飲暴食のツケを払わされたりしている**とも言えるのだ。

さらには、現役時代に健康をないがしろにして（されて）病気になってしまった高齢者の分の医療費というツケを背負っている部分があるとも言えるのだ。こうした部分は一人ひとりの努力で、もっと小さくできる負担である。

家族や仲間、同僚に負担を背負わせる側にならないために、そして何よりも自分自身の生活や価値を守るためにも、私たち自身が健康に投資してそれを維持、向上し、コストとしての医療費が膨張してしまう悪循環を止めるしかない。

誤解しないでほしいのだが、これは、「病気になるな」ということでもないし、ましてや「病気になってはいけない」という意味ではない。あくまでも、私たち一人ひとりの人生のためにも社会全体のためにも、少しでも避けられる病気は避けましょう、そのためにできる投資をお互いにもっと意識的にしていきましょう、ということだ。その積み重ねが大きな変化を生む。そして、それこそが、私たち一人ひとりがプライドを持って、自分の足で立って人生を過ごすという社会像にもつながっていく。

私たち一人ひとりが、チーム・ヘルスケアの一員として互いに切磋琢磨し、十分に戦えるチームをつくっていかなければならないのだ。

インセンティブで投資を引き出そう！

どれだけ「健康への投資が重要だ」と言われても、健診をまめに受け、飲み会を断れるほどには、悲しいかな、私たちの意識は高くないし、意志も強くない。企業の側も、従業員の健康維持が結果的に利益の向上につながることがわかったとしても、従業員には、「ちゃんと健診に行きましょう」と声をかけるくらいがせいぜいで、健康投資は目先のコストとしてみなされてしまうことが残念ながら多い。せっかく国が健診やワクチンを充実させたところで、当の受益者が面倒くさがって受けに行かない、なんてこともあるかもしれない。

だから、インセンティブ設定がここでも力を発揮する。**健康への投資をすればご褒美がもらえる、健康への投資を怠ればペナルティがある**、というようなわかりやすい仕組みを組み込んで健康への投資を引き出すのだ。

そうすれば、私たちは、「ご褒美がほしい」がために運動をするだろうし、「損をしたくない」がために薬をちゃんと飲むようになる。もしかしたら、血糖をコントロールすることが暴飲暴食することよりも「癖になる」かもしれない。

インセンティブをうまく使って、きちんと健診を受けるなり、必要に応じて速やかに精密検査を受けるなり、ワクチンを接種するなり、ふだんから健康的な食生活を心がけるなり、といった健康への投資を引き出していく仕組みをつくることで、やがてそれは、最終的に私たち自身の健康という大きなリターンとなって返ってくる、というわけだ。

医療費の1％を投資へ。できるところから始めよう！

もう一つ具体的な提案をしたい。本格的な「投資型医療」を実現するための「はじめの一歩」の提案だ。それは、医療費の1％を予防に回すことから、「病気にさせない」ための投資を始めよう、というものだ。

2015年度の国民医療費は約42兆円。その1％、4千億円を、まず予防、つまり投資に回そうということだ。人工透析に毎年1・6兆円を投じていることを思えば、4千億円を投資に回すのは額としては足りないくらいだ。

しかし、千里の道も一歩から。私たちは今、とにかくできることから、できるだけのことをしてビジョンに向かって前進していく必要がある。その一歩が、「医療費の1％を投資に回す」ということなのだ。

対象は、本書で取り上げた糖尿病、骨粗鬆症のほかに、高血圧、慢性心不全、ぜんそく、COPD、高脂血症、周産期異常などがふさわしいだろう。これらは、すべて、管理可能か、管理する余地が多く残されている疾患だからだ。具体的には、アウトカム評価とその結果の公開、疾病管理の度合いに応じた成果報酬の導入、予防を含む健康増進、および、疾病管理の教育やインセンティブ付けなどへの投資からスタートすべきだろう。

「医療費の1%を投資へ」――私たちはこれを元手に「病気にならない、病気にさせない」ことに投資して、ビジョン実現への一歩を踏み出していくのだ。

提言3　開かれた医療でケアの価値を追求しよう

医療を支えるすべてのプレイヤーが、そのミッションである「ケアの価値を最大化すること」を追求するためには、医療をより開かれたものにしていくことも重要だ。

ここで言う「開かれた」には、二つの意味がある。

一つは、すべてのプレイヤーが、これまでのように「患者」の「診断と治療」だけを見て満足するのではなく、患者にはなっていないけれども健康を守る必要のあるすべての人たちへと医療の守備範囲を拡げること、そして、拡がったフィールドをしっかりと活用することだ。

そしてもう一つは、医療というフィールドそのものを、ゼロサム的な競争環境から多業種が交流し合って生産的な循環を生み出せるような開かれた競争の場にしていこう、という意味だ。

「病院イコール病人が行くところ」という固定観念を脱しよう！

今の医療は病気の治療のためのものであり、医療機関には病気の人しか来ない。そのため、たとえば医療提供者は、自分が世の中のほんの一部の、病気を持っていて、かつ病院に来てくれる、ごく一部のある種特殊な状況に置かれている人たちだけを相手にしていることを忘れて、社会全体のために身を粉にして働いていると勘違いしてしまっている節がある。

そして受益者は、多くの場合、病院にはできるだけ行きたくないと思う一方で、病気にならないためのケアを、いろんな意味でないがしろにしてしまっている。

だが、日々の積み重ねはいずれ症状となってあなたを襲う。そして、病院に運び込まれて来て言う羽目になる。「助けてください」と。

そうなってからでは、あなたがそれまでふつうだと思ってきた平穏な日常は二度と戻ってこない。筆者（山本）も臨床をしていた当時、何度思ったかしれない。「数年前、いや数ヵ月前に来てくれさえすれば、こんなことにはならなかったのに」と。

まずは、「病院イコール病人が行くところ」という固定観念を脱する必要があるのだ。

提言4 情報の集約と開示をしよう

投資型医療の実現を目指し、社会全体でイノベーションを促進していくためには、情報の活用が不可欠だ。そのために、集約、開示していくべき情報の幅は広い。ケアの価値を高めるために必要、有用なあらゆる情報を――もちろん、その取り扱いには十分な配慮が必要だが――、私たちは積極的に集約・開示していく必要がある。

無数にある情報の中で、今後社会全体でイノベーションを促進し、投資型医療を実現、進化させていくうえで最も重要なのは、やはり、アウトカム、つまり成果の測定と集約、開示だろう。

日本でも取り組みが一部始まっている評価の多くは、プロセス、つまり、手順どおりの正しい診察であったか否かという評価で、これらの評価には一定の価値はあるものの、より本質的に言えば、投資型医療におけるアウトカムとは言い難い。

ここでは、集約、開示すべき数多くの情報のうち、「アウトカム測定」に対する考え方、導入方法、使い方を具体的に提示する。

アウトカム測定が投資型医療の指針となる

ほとんどの提供者は、自分が提供している治療のうち、どれが効果があってどれが効果がないのか、あるいは、自分たちが行っている治療が他院の治療より効果があるのかないのかなどの、基本的なアウトカムをまったく知らずに診療を続けている。

選ぶ側の受益者も同じだ。アウトカムがわからないから、大学病院なら、大きい病院なら、という程度の基準で医療機関を選んでしまう。

今後、私たちが、チーム・ヘルスケアを勝てるチームにしていく、つまり、ケアの価値を高めて「健康」を実現していきたいと考えるなら、選手が自分の実力を、そしてゼネラルマネージャーや監督が選手たちの実力を、客観的なデータとして理解する必要がある。

そして、ゼネラルマネージャーや監督は、それらのデータをもとに、いかにチームのゴール、つまり投資型医療の場合はいかに「健康」に貢献できたかで、選手たちを評価し、評価に応じて報酬が得られるようにする。

選手たちは、チームのゴール、すなわち「健康」に貢献すればするほど評価が上がってご褒美がもらえ、貢献しなければ報酬が減っていくのだから、結果として、私たちの健康に貢献しようと切磋琢磨する。

よりよい医療を選べる「ベストアクセス」を目指そう！

日本が「フリーアクセス」、つまり誰しも自分がかかる医療機関を自由に選ぶことができるというシステムを採用していることはすでに述べた。その日本で、アウトカムが測定、集約、開示されることが一般的になれば、私たちは、よりアウトカムの高い医療機関を選択できるようになる。誰しもが、適正な医療にたどり着くことができるようになるのだ。

たとえば、支払者がアウトカムを適正に把握すれば、それに基づいて、自分たちの加入者に、よりアウトカムの高い医療機関を受診したり、医療サービスを使ったりするよう促すことができるようになる。同時に、データをもとに、提供者に対しアウトカムを高めるようプレッシャーをかけることもできるようになる。

このくらいの数値であれば週に1度の運動を奨励し、この数値が続いたらあそこの提供者の予防プログラムを受けさせよう、実行しない社員にはちょっとしたペナルティを与えようなど、コミュニケーションとインセンティブの力をうまく使いながら、健康ケアのコンシェルジュとして受益者の健康をケアしていくのだ。

よりアウトカムの高い医療機関が選ばれるようになれば、提供者同士がアウトカムを高めようと切磋琢磨し、その結果、よりアウトカムの高い医療を提供する医療機関が増える。

アウトカムの高い医療を提供する医療機関が増えれば、健康な人が増え、患者のかかえるリスクの管理がより改善され、医療費というコストは確実に軽減されていく。

私たちはこれから、アウトカム測定を拡げていくことで、単なる「フリーアクセス」ではなく、いわば「ライト（適正な）アクセス」「ベスト（最善の）アクセス」とも言うべき、自分がほんとうにかかりたい医者、かかるべき医者を選べる社会をつくっていくのだ。

私たちはこれから、「100円あたり私たちをどれだけ健康にできるか」、ということを、シビアに突き詰めていかなければならない。

提言5　資源の最適再配置をしよう

ケアの価値を少しでも高めていくためには、少しでもヒトやカネといった資源の無駄遣いをなくし、資源を有機的につなげ、効率的に活用していく必要がある。理にかなった形で資源を最適に再配置することが重要なのだ。

「治療から健康のケアへ」「提供から協働へ」「病院から地域へ」——三つのパラダイムシフトを実現しよう！

ケアの価値をより高めるために、どのように資源を最適に再配置すればよいのだろうか。それを考えるうえで強く意識したいのが、「治療から健康のケアへ」「提供から協働へ」「病院から地域へ」という三つのパラダイムシフトだ。これらのパラダイムシフトは、医療政策の重要なコンセプトとしても意識されつつある。順番に説明していこう。

まず、「治療から健康のケアへ」。これに関しては本書で繰り返し述べているので説明するまでもないだろう。ケアの価値を最大化させ、社会を持続可能なものとしていくには、現在の「治療」に偏った医療の守備範囲を「健康の維持・増進」や「予防」へと拡げ、「健康のケア」を医療の目的とする必要があるということだ。

そして、「提供から協働へ」。これは、医療従事者が授け与える医療から、患者とともに健康維持や疾病の治療に取り組む医療への移行だ。

同じチーム・ヘルスケアの一員として、本来あるべきゴールを目指して取り組む協働の医療へと、パラダイムをシフトさせる必要がある。

疾病構造は変化し、「生きるか死ぬか」の病気だけではなく、「つき合いながら生きていく」病気が増えている。それはすなわち、今後の医療においては、**「病院でどう病気と闘うか」だけではなく、「病気とともにどのように毎日を過ごすか」**が重要になることを意味する。
このとき、「病気とともにどのように毎日を過ごしたいか」を決めるのは、一人ひとりの患者自身であり、その可能性を拡げるのが医療だ。患者自身がより主体的に関わること、そしてそれを支え、ともに歩む医療を実現する時代になっていくのだ。

そして三つ目のシフトである「病院から地域へ」。前述の「病気とともにどのように毎日を過ごしたいか」とも密接に関係することだが、病院の中でしか使えなかった医療が、より外に開放され地域のなかで実践されることで、健康のケアが日常に浸透し、患者が病院に縛られなくなる。そうなれば、患者のＱＯＬは向上するようになる。
さらに、私たちが直面している「**少産多死時代**」においても、このシフトは重要な意味を持つ。
たとえば今、最期の時を迎える人々の数と医療機関の受容力、つまり病床のミスマッチが指摘されている。この傾向は悪化の一途をたどっていて、２０４０年には約50万床が不足すると見込まれている。[※1]
しかし、先に述べたとおり、患者のＱＯＬを考えれば、病院が必ずしも最期の時を迎える場である必要もない。長く続く老後が一般的になるなかで、そうした人々の安心を考えると、その受け入れ先、最期を迎えるケアの場というものを地域社会が考えることは、医療のみならず、個々人のQOLにとっても、社会全体の持続可能性にとっても、これまでと比較にならないほど重要になってくるだろう。

受益者は、自らを重要なプレイヤーと認識し、医療にコミットしよう！

受益者はどのように医療に主体的に関わっていけばよいのだろうか。ここでは、資源の最適再配置に関する二つのポイントについて説明していこう。

一つは、医療リテラシーの向上だ。

より直接的に言うと、「保険料や税金を払っているんだから薬もサービスももらいたいだけもらったほうが得だ」というような発想、あるいは治療の必要性が指摘されているのに「今が大丈夫だから放っておく」というような発想を捨てて、自ら「病気にならない」ように生活習慣の管理をし、適切に医療を活用して、「ケアの価値を最大化する」というミッションに即した行動をとることだ。

もちろん、理想はあっても、私たちは易きに流されやすい生き物だ。頭では理解できたとしても、そう簡単にからだはついてこない。だから、提言2で示したように、私たちが日々健康管理を行ったり、効果的に医療を活用するなどの「ケアの価値を最大化」できる行動を惜しまなければ惜しまない分だけ、ご褒美がもらえる仕組みを並行してつくっていく必要があるわけだ。

これにより、私たち一人ひとりは、「長く元気に生きる」とか「ケアの価値を最大化する」などといった遠くの大きな目標のためではなく、目の前の「お金というご褒美」のために行動を選択し、それらの積み重ねが結果的に私たちを健康にしてくれ、ケアの価値を最大化してくれることになる。

支払者は、ケアの価値を向上させる牽引役となろう!

支払者は、ほんとうの「保険者」として、提供者と受益者の間に立って、その医療サービスに対しどれだけの対価を払うべきか、しっかりとガバナンスをきかせていく必要がある。これは、待ったなしの課題だ。

投資型医療において、ガバナンスをきかせる際に支払者が注力すべきは、「ケアの価値を最大化する」ことであり、支払者にとってよりわかりやすく言うと、**受益者（保険の加入者）に、どう長く安く健康でいてもらうか**を追求するべく「考える」ことだ。

支払者がより安くて質の高いケアを求めて提供者を選んだり、交渉したりするようになれば、価値の低いサービスは淘汰され、価値の高いサービスがより報われるようになっていく。

そうなると、提供者は否が応でもケアの価値を追求せざるを得ない。そうした状況が続けば、ケアの価値を高める切磋琢磨が、提供者の基本的な姿勢となっていく。

そして、そんな健全な切磋琢磨の環境が醸成されれば、ケアの価値は継続的に高まり、私たちは、「長く元気で生きられる、持続可能な社会」を実現することができる。

支払者は、その意味で、「投資型医療」の実現とケアの価値の追求において、最も期待すべき、最も重要なプレイヤーだということができる。

そして、その際に最大の武器となるのが、提言4で述べた、「情報」だ。

ＩＣＴの発達により、情報の管理、統計的な処理は格段にしやすくなった。それだけではない。支払者がそうした情報を持つことができれば、提供者に対して効果的にプレッシャーを与えることができるようになる。支払者の持つ伸びしろは、抜群に大きいのだ。

同時に、政府に期待したいのは、そうした支払者のプレーを十分に後押ししていくということだ。そのためには、情報を得るための基盤、たとえば医療のビッグデータのプラットフォーム（共通基盤）をつくり、それを開放すること、そのような努力を経済的にも評価すること、といった取り組みが必要になってくる。

またその前提として、現在の医療保険財政が、このままでは立ち行かなくなること、それを利用者の負担に回すことや、「取れるところから取る」「ワリカンの方法を変える」というやり方では早晩立ち行かなくなるという冷徹な現実に、正面から向き合うことが肝要だ。

支払者は情報の力を最大限活用し、受益者は質の高いサービスを、提供者には効果的なプレッシャーを与えることで、ケアの価値を向上させる大きな牽引力となるのだ。

提言6 政策立案と合意形成のプロセスを進化させよう

かつて日本が高度経済成長を謳歌していた時代、医療費も増えるが財源も増えるという状況のなかで、医療のプレイヤーたちは既成の枠組みのあり方や是非を問うことなく、ひたすらパイの配分方法ばかりを議論してきた。そして、表面的には予定調和のなかで物事が決まっていくというパターンが、政策方針の検討と合意形成のプロセスを長く支配してきた。

しかし、分け方だけを考えればいい時代が終わった以上、当然、そのときにのみ通用したプロセスも終わらせなくてはならない。枠組みを問い、枠組みを超えて、新たなビジョンにふさわしい新たな枠組みを生み出す必要がある。そのためのプロセスを進化させなければ、医療全体、社会全体を進化させていくことはできないだろう。

政策立案の担当者は、既成の枠を超え、主体的に動こう！

ここで筆者らが求めたいのは二点、政治のリーダーシップと行政（官僚）の現場感だ。既存の枠組みの中で課題を設定し、思考し、合意形成をする——こうしたプロセスのなかで、ステークホルダー間の調整を行っているのはおもに官僚だ。ほとんどの官僚は、シナリオライターとして、実務を手堅く手落ちなく進めることを最優先事項とする文化に影響されやすい性質がある。

それによって、行政の継続性や安定性が保たれるという面もある一方、組織の外や現場の進化について行けなくなることがままある。こうしたズレを最小限にして政策立案などを進めるには、これまで以上にリアルな一次情報を貪欲にインプットする必要がある。

つまり、もっと街へ出て現場の人々と対話し、社会のニーズを肌で感じることで、課題設定をより現実に即した目線で行うことが重要だろう（もちろん、見えないところで現場へ足を運び、話を聞く努力をしている官僚も多いのだが）。それをしないままに、政策立案を進めてしまうことで生じるズレ、ムダを防がなければならない。この本の冒頭にも書いたように、誤った問題設定に対して正しそうな解決策を立てることほど危険なことはないのだ。

自ら構築し、運営してきたものを虚心に見直すことは痛みをともなう行為だが、その役割こそ、政策立案を担う官僚に求められているものでもある。社会を変えていくうえで、最も大きな変革のレバーの一つを握っている官僚が、枠に縛られずに思考し、行動していくことは変革への重要な第一歩となる。

一方、医療業界は利害が錯綜していて、ボトムアップでの変革にはどうしても限界が生じる。そうした環境のなかで大きな仕組みのイノベーションを実現するには政治のリーダーシップが不可欠だ。

政治家自らがこの「投資型医療」の理念を理解し、実現をリードするというスタンスを明確にすることができれば、ステークホルダーとの議論や、法案の作成といった政策立案と合意形成のプロセスが動く。まずは政治が現状を認識したうえで腹をくくって旗を掲げ、方針をブレないようにすることが、改革を断行するうえでは非常に重要だ。

こうしたことは、もう何年も指摘され続けてきたことだ。プロセスを支えるプレイヤーの進化が、「投資型医療」の実現には必要なのだ。

問題提起のやり方を変えよう！

ＴＶや雑誌、ネットのようなマスメディアの問題提起による課題設定は、パワフルかつスピーディだ。たとえば、子宮頸がんワクチンの普及など、メディアが果たす役割の大きさを感じた例も数多くある。だから、こうしたメディアが、私たちが感じている医療の根本の問題、本質の課題を少しでも感じてくれたら、「投資型医療」の実現にまた一歩近づくのだろう。

ただ、今のメディアは、特ダネによる限局的な差別化を図るという時間軸での競争が大きな要素となっている。つまり、今のメディアにとって、問題はスピードであって質ではないのだ。

しかし、本来メディアに期待される、そして筆者らとしても期待したい役割は、今起きていることの背景には何があるのか、ことの本質をどう理解すべきなのかを受け手に伝え、さらに、自らの独自のスタンスでの本質的な問題提起を行うことだ。これを医療の世界でぜひやってほしい。

ときに、官庁付きの記者から、「いつも情報を教えてくれる、解説してくれる官僚の○○さんには頭が上がらない」などという台詞を聞くこともある。もちろん、記者一人ひとりが、手際よく、漏れなく、情報を取って形にすることが求められるのは理解できる。だが、情報を提供してくれる官僚に心から感謝し、その内容をメディアを通じて伝えることに安住しているようでは、この国のメディアの将来は暗いのではないだろうか。

メディアが医療に対する洞察と立ち位置の設定をし、独自のスタンスをとって医療に働きかける、あるいは問題提起をすることが、プレイヤーたちのリテラシーの向上につながり、健全なガバナンスにもつながるだろう。ひいては、メディアの力によって業界内の切磋琢磨が促進され、ケアの価値が持続的に向上し、「投資型医療」のあるべき姿に近づいていくことを、筆者らは期待している。

提言7　Small-Win（小さな成功）を拡げよう

例外なく医療のプレイヤーである読者の皆さん一人ひとりと共有したいと筆者らが最も強く願う言葉でありコンセプト、それが、この七つ目の提言だ。

――Small-Win（小さな成功）を拡げよう！

この提言の主旨は、各人が、各人のいる場所で、できる範囲の小さな変化を同時多発的に起こし、そのなかで小さくとも意味ある成功を着実に積み重ねていくことと、そこから大きなうねりをつくって、その力で、私たちがほんとうに望んでいる医療、ひいては、私たちがほんとうに望む社会を実現しよう、ということだ。

「変革は常に辺境から起こる」ともよく言われる。小さいからこそ、機動性が生まれ、小さいからこそ、エネルギーが凝縮されるのだ。

なぜSmall-Winを積み重ね拡げていくことを、ここで声高に叫びたいのかというと、あえて乱暴な言い方をすれば、「全国規模での大きな変化は、簡単には起こらない」からだ。

もちろん、提言6で述べたように、トップの強いコミットメントとリーダーシップがなければ、日本の津々浦々まで投資型医療にふさわしい医療の仕組みが普及することはないだろう。しかし一方で、いくら強力なリーダーシップが存在していたとしても、政治や行政の力だけで医療改革が実現することもまたあり得ない。

必要なのは、「個」の力だ。それも、たくさんの「個」だ。

「個」の人間、「個」の企業、「個」の地域。そうしたたくさんの「個」の力を同時多発的に起こすことが今こそ必要だ。

本書でも繰り返し述べてきたとおり、「投資型医療」が実現するような仕組みをつくり、プレイヤー同士が切磋琢磨を続ければ(もちろんそこまでの道のりは平坦なものではないにせよ)、医療は大きく進化する。だが、医療業界は巨大かつ複雑で、決して一筋縄ではいかない。シンプルな改革案でさえ、議論に乗せるだけでもかなりのエネルギーが必要だ。

だからこそ、すでに多くの優れた先人たちが、多大なる知恵と労力を尽くしてもなお、今の医療は、本書で示したような現状に苦しんでいるのだ。

これが、1億2千万という個が集積してできている国の現実だ。

この現実を乗り越えて、ほんとうに望む医療と、そんな医療がある社会を築きたいと望むなら、私たちは「誰かが起こしてくれる大きな変化」を待つのをやめ、自ら学びながら動き始めなければならない。

何かを期待して待っていても、待っている間におそらくこの国は沈んでしまう。だから、沈んでしまう前に、Small-Winを積み重ね、拡げていこう。


小さな成功を積み重ねていけば、それはやがてほんとうに大きなうねりとなり、社会の変化となって、今は変わるとは信じられない業界の既存プレイヤーたち——自分たちが勝手につくった既得権を守るというゴールに向かってしかプレーできないプレイヤーたち、既存の価値観を打破できない提供者、これまでの枠組みを超えられない官僚たち、リーダーシップを発揮しきれない政治家たち、「治療」の技術ばかりを開発し続けてきた研究開発者、事務処理に没頭してきた支払者、そして、今の制度に甘えて健康に投資してこなかった受益者たち——も、きっと少しずつ変わっていく。

そして、そうした変化が積み重なれば、やがて、社会は大きく変わるはずだ。

ネットワークを活かし、小さな力を大きなうねりに変えよう！

ネットワークを活かしつつ、Small-Winを積み重ね、うねりに変えていくために、必ず押さえておきたいことを二つ挙げよう。

まずは、日頃からヨコのつながりを強化し、地域内、業界内だけでなく、より大きな範囲のネットワークを築いておくことだ。こうしたネットワークを、互いに「新たな動きを察知し、育てるための場」として活用し、ケアの価値を高めるために何をすべきか、何ができるかという具体的なアイディアや情報を交換していくのだ。

二つめは、失敗要因と成功要因、その効果を情報として集約し、開示することだ。個々のネットワークの力に頼るだけでなく、各プレイヤーが協働して、日本全国のSmall-Winを分析して、広く共有しうる仕組みを構築し、充実させていきたい。

そして、発信の際にはできる限り「定量的に」インパクト（影響）を測定していく必要がある。新たな取り組みによって、罹患率が変わった、患者の受診回数が変わった、認知度が変わったなどの変化を、数字で把握できるとよい。こうした定量的な効果やインパクトを添えることによって、情報の力のヨコ展開のスピードが格段に上がると同時に、次に同様の試みをしようと動く誰かがより効果的な試みに着手しやすくなる。

また、そうした発信をした後には、受け手がどういう点を好ましいと思って受け止めていたのか、というフィードバックも得るようにしよう。

たとえば、医師が患者の主体的な治療参加を求め、それが功を奏して早期の退院や自立が可能になったとする。その場合、医師側がどの点に気を配り、患者側がどのような医師のサポートによってよい結果がもたらされたと感じているのか、気づきの点や意識の変化について省みることが大事になる。

日々の繁忙のなかでは、そうした手順を踏むのはなかなか煩わしいかもしれないが、そうした丹念なフォローがあれば、成功（失敗）要因がより明らかになり、加速度的にヨコ展開していくことが可能になる。次の他の誰かの試みが、もう一つのSmall-Winとなる確率を、ぐっと引き上げてくれるのだ。

小さなトライアル・アンド・エラーを支援しよう!

各プレイヤーが新たな動きを模索する際に大事なことは、そうした新たな動きの芽を摘まずに育て、必要であればそうした動きが拡大していくようお互いを支援し合うことだ。つまり、トライアル・アンド・エラーの感覚を強く持って、ネガティブな側面の発見に力を入れることなく、新たな動きを見守る感覚で「育てていく」ことが大切だ。

新たな取り組みは必ず軋轢を生む。新しいことに対して抵抗感をいだいてしまうのは、いわば人間の性とも言える。だが、既存の仕組みからの脱皮が必要な今、新たな取り組みをつぶしてしまうようなことだけは(たとえ応援できなかったとしても)してはいけない。たとえば、医療業界のルールを運用する行政側には、新たな取り組みを冷ややかに見る傾向がある。ある地域のSmall-Winを、「あの地域だからできることだ」「属人的ながんばりでできただけだ」と軽んじ、全国展開できるような支援を積極的には講じないこともある。

しかし本来は、意味ある革新的な動きを見つけ出すべくアンテナを高くし、そうした動きを見つけたらそれを吸い上げてエッセンスを見出し、全国に広めるようにすることが重要だ。

エッセンスを見出すときに気をつけたいのは、本来の意図を汲むことだ。それをせずに、エッセンスを見出しているように見せて既存の枠をはめて解釈してしまったり、むしろSmall-Winをムダにするようなやり方で全国展開をしてしまったことがこれまでもあったが、それだけは避けるべきだろう。

その意味では、自治体や民間の中小企業、個人などの、新たな、しかも意味のあるSmall-Winを見つけたならば、そこに「投資し、任せる」というのが一つのやり方だろう。

こうした試みは、なにも行政に限った話ではない。どのプレイヤーであっても、あるいは新たなプレイヤーであっても、内部や外部からの新たな動きや流れを忌避することなく、よいものを見極め、見守り、支援することで「投資型医療」の実現につなげていくことが、自分のためにも重要である。そうした、小さなトライアル・アンド・エラーの支援が

Small-Winの積み重ねを生み、やがて社会全体の大きなうねりへと、つながっていくのである。

※1　中央社会保険医療協議会「わが国の医療についての基本資料」、２０１１年
※2　厚生労働省「専門医の在り方に関する検討会報告書」、２０１３年

あとがき　自分の足で立つために

この国の医療を、社会を、人々を守りたい——やや僭越だが、そのために、私たち筆者の世代が考えなければならないこと、行動しなければならないことは何か。それについて議論を重ねた成果が一冊の本となった。

日本人は「改革」好きである。「リーダー」好きである。きっと青い鳥が何処からかやってきて、とっておきの処方箋をもたらし、指導力あるリーダーが変革を起こしてくれる。それまでは現状のまま、じっとしていればいい、そんな気持ちが私たちの内心に宿っていないだろうか。

同時に現在ある仕組みや力学の枠組みをもう一度一歩引いて見ることで、一つの方向に物事を変えるために要する膨大な労力にたじろぐことや、チャレンジする気概を持てずに挫けてしまうことも多くあるのではないだろうか。

とりわけ、そのような問題が凝縮されているのが医療の世界ではないだろうか。医療は与えられるもので、守るものではないし、つくるものでもない。私たちの中のそうしたスタンスが、徐々に日本の貴重なアセットである医療の根本を融解させてはいないか。

このまま持ちこたえることができるのか——この問題意識から、「投資型医療」というこの本のコンセプトを掲げることとした。つまり、医療界を構成するさまざまなプレイヤーが、互いの責任を自覚し、緊張感を持って、能動的な役割を果たすことが、今こそ必要なのだ、と。

もとより、医療のテーマは難しい。

コストカット論の餌食にすることや、数少ない「成長分野」として、流行もののように祭り上げることは簡単だ。しかし、医療の中心には人の命、生活という不可逆的な要素が厳然と存在している。軽快な議論よりむしろ重心の低い、長い目の議論が必要である。

他方で、本文中にもあったが、医療改革を叫ぶ人々はおもに健康な人々で、実際に医療の力で生きている人々は声を挙げる余裕がないことも多い。

高名な医学部の教授は政策決定に参加することができても、24時間めいっぱい、地域の医療をからだを張って守っている医療提供者たちは、声を挙げる余裕すらないことも忘れてはならない。

こうしたアンビバレンスに満ちた医療のテーマを、少しでも未来志向のものとして考える嚆矢になればと、本書が企画された。


ここで私たちが伝えたかったことは、単に予防に力を入れようとか、財源配分を適正化しようといったことにとどまらない。

より本質的に、私たち一人ひとりが、医療界に直接関わる方も、そうでない方も、自分のこととして医療の問題を考え、自分のできる範囲で自分の健康を守り、心身とも健やかに毎日を送ることで、それぞれの人生を能動的にデザインし、潜在的な可能性を十分発揮できる、すなわち「自分の足で立つ」ことのできる社会の基盤をつくっていこう、ということだ。
それが、私たち一人ひとりの〝尊厳〟を大事にし、どんな境遇にあってもプライドを持って一生を生き抜くことができる、その基盤になると信じているからである。

本書では、こうした問題提起を少しでも多くの方々に知っていただきたく、あえて平易な語り口、ときには断定的な口調で、ともすれば退屈なものとなりがちな医療問題をビビッドに語るよう、工夫を試みた。言葉足らずな面や、紙幅の制約で浅薄な論考にとどまった部分もあるが、より多くの方々が、今の日本の医療の置かれた状況と、今後目指すべき方向性について問題意識を持つきっかけとしていただければ望外の喜びである。また、この本で示した「投資型医療」の具体的な姿や方向性について、さらに深く論じる機会を期待している。

そして、私たち二人の筆者も、道は違えど、志を同じくして、具体的な実践、行動を続けていきたいと考えている。そして、少しでも、一人ひとりの行動が形となり、輪が拡がっていくきっかけをつくっていくことが夢である。

最後となるが、医療統計の考え方やプライマリケアの重要性を教えてくださった一橋大学大学院の井伊雅子教授、本書を平明かつ親しみある語り口に書き下ろし、粘り強く編纂のコーディネートを牽引してくださった佐竹麗氏には心から感謝したい。彼女の存在なしにはこの本の誕生はあり得なかった。

また、本書のような独特の問題提起を世に出すべく出版へと導いてくださったディスカヴァー・トゥエンティワンの干場弓子社長、そして、見えないところでも、日夜高い志を持って粘り強く政策立案に命を削る尊さを教えてくれた行政の先輩・同僚たち、民間企業での闊達なダイナミズムと戦略的思考を教えてくれた諸兄に改めて心から敬意を表するとともに、御礼申し上げたい。

武内和久

＊本書で示したのは、著者らの個人的見解であり、所属している団体とはなんら関係しないことを付言しておく。
＊本書の著者の印税の一部は、児童養護施設の子どもをサポートするリビング・イン・ピースに寄付されます。

□ マイケル・E・ポーター、エリザベス・オルムステッド・テイスバーグ『医療戦略の本質　価値を向上させる競争』日経BP社、2009年

□ Katherine Baicker, Amitabh Chandra, "Medicare Spending, The Physician Workforce, And Beneficiaries' Quality Of Care", Health Affairs, 2004

□ Ron Z. Goetzel, PhD et al. "Health, Absence, Disability, and Presenteeism Cost Estimates of Certain Physical and Mental Health Conditions Affecting U.S. Employers." Journal of Occupational & Environmental Medicine. 46(4):398-412, April 2004

□ Michael E. Porter, Jennifer F. Baron,"Pitney Bowes: Employer Health Strategy", Harvard Business School, 2009

□ Michael E. Porter, Elizabeth O. Teisberg et al. "The Cleveland Clinic: Growth Strategy 2008" Harvard Business School, 2010

□ 井村裕夫編『日本の未来を拓く医療 ―治療医学から先制医療へ―』医学書出版 診断と治療社、2012年

参考文献

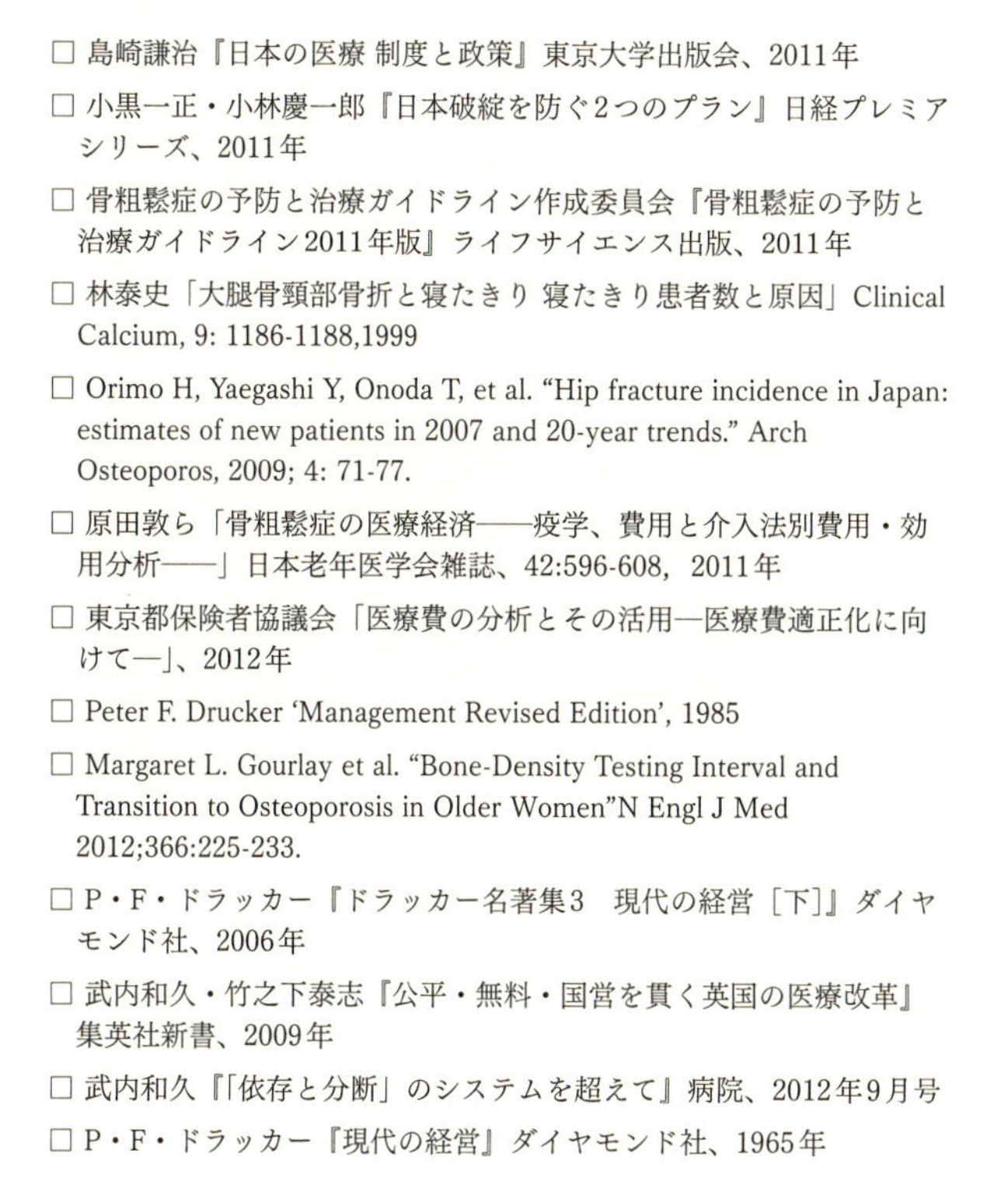

□ 島崎謙治『日本の医療 制度と政策』東京大学出版会、2011年

□ 小黒一正・小林慶一郎『日本破綻を防ぐ2つのプラン』日経プレミアシリーズ、2011年

□ 骨粗鬆症の予防と治療ガイドライン作成委員会『骨粗鬆症の予防と治療ガイドライン2011年版』ライフサイエンス出版、2011年

□ 林泰史「大腿骨頸部骨折と寝たきり 寝たきり患者数と原因」Clinical Calcium, 9: 1186-1188,1999

□ Orimo H, Yaegashi Y, Onoda T, et al. “Hip fracture incidence in Japan: estimates of new patients in 2007 and 20-year trends.” Arch Osteoporos, 2009; 4: 71-77.

□ 原田敦ら「骨粗鬆症の医療経済――疫学、費用と介入法別費用・効用分析――」日本老年医学会雑誌、42:596-608, 2011年

□ 東京都保険者協議会「医療費の分析とその活用―医療費適正化に向けて―」、2012年

□ Peter F. Drucker ‘Management Revised Edition’, 1985

□ Margaret L. Gourlay et al. “Bone-Density Testing Interval and Transition to Osteoporosis in Older Women”N Engl J Med 2012;366:225-233.

□ P・F・ドラッカー『ドラッカー名著集3　現代の経営［下］』ダイヤモンド社、2006年

□ 武内和久・竹之下泰志『公平・無料・国営を貫く英国の医療改革』集英社新書、2009年

□ 武内和久『「依存と分断」のシステムを超えて』病院、2012年9月号

□ P・F・ドラッカー『現代の経営』ダイヤモンド社、1965年

ディスカヴァー携書 184

投資型医療　医療費で国が潰れる前に

発行日　2017年9月15日　第1刷

Author　武内和久
山本雄士

Special thanks　佐竹麗

Book Designer　石間　淳

Publication　株式会社ディスカヴァー・トゥエンティワン
〒102-0093　東京都千代田区平河町2-16-1 平河町森タワー11F
TEL　03-3237-8321（代表）
FAX　03-3237-8323
http://www.d21.co.jp

Publisher & Editor　干場弓子
Editor　干場弓子 ＋ 林秀樹

Marketing Group
Staff　小田孝文　井筒浩　千葉潤子　飯田智樹　佐藤昌幸　谷口奈緒美
古矢薫　蛯原昇　安永智洋　鍋田匠伴　榊原僚　佐竹祐哉　廣内悠理
梅本翔太　田中姫菜　橋本莉奈　川島理　庄司知世　谷中卓
小田木もも

Productive Group
Staff　藤田浩芳　千葉正幸　原典宏　三谷祐一　大山聡子　大竹朝子
堀部直人　林拓馬　塔下太朗　松石悠　木下智尋　渡辺基志

E-Business Group
Staff　松原史与志　中澤泰宏　中村郁子　伊東佑真　牧野類

Global & Public Relations Group
Staff　郭迪　田中亜紀　杉田彰子　倉田華　鄧佩妍　李瑋玲

Operating & Accounting Group
Staff　山中麻吏　吉澤道子　小関勝則　西川なつか　奥田千晶　池田望
福永友紀

Assistant Staff　俵敬子　町田加奈子　丸山香織　小林里美　井澤徳子　藤井多穂子
藤井かおり　葛目美枝子　伊藤香　常徳すみ　鈴木洋子　内山典子
石橋佐知子　伊藤由美　押切芽生　小川弘代

Proofreader & DTP　株式会社T&K

Printing　凸版印刷株式会社

ISBN978-4-7993-2162-1　携書ロゴ：長坂勇司